В.С. ЕРМАЧЕНКОВА

СЛОВО

Пособие по лексике и разговорной практике

2-е издание, исправленное и дополненное

Санкт-Петербург
«Златоуст»

2010

Ермаченкова, В.С.
Слово : пособие по лексике и разговорной практике. — 2-е изд., испр. и доп. — СПб. : Златоуст, 2010. — 212 с.

Ermachenkova, V.S.
The word : a manual of vocabulary and conversational practice. — 2nd ed., revised and expanded. — St. Petersburg : Zlatoust, 2010. — 212 p.

Зав. редакцией: *к. ф. н. А.В. Голубева*
Редактор: *М.О. Насонкина*
Корректоры: *И.В. Евстратова, Е.К. Старостина*
Оригинал-макет: *Л.О. Пащук*
Художник: *Ю.П. Юрьев*
Обложка: *Д.Ю. Зуев*

Пособие по лексике и разговорной практике «Слово» предназначено иностранным учащимся, изучающим русский язык в объёме базового и отчасти I сертификационного уровня (А2–В1). Рекомендуется для курсового обучения под руководством преподавателя или для самостоятельной работы.

В качестве дополнительного материала к курсу можно использовать пособие по аудированию «Слушать и услышать» того же автора.

ISBN 978-5-86547-565-1

Подготовка оригинал-макета: издательство «Златоуст».
Подписано в печать 15.09.2010. Формат 84x108/16. Печ. л. 13,25. Печать офсетная. Тираж 1000 экз.
Заказ № 23412.
Код продукции: ОК 005-93-953005.

Лицензия на издательскую деятельность ЛР № 062426 от 23 апреля 1998 г.
Санитарно-эпидемиологическое заключение на продукцию издательства Государственной СЭС РФ № 78.01.07.953.П.011312.06.10 от 30.06.2010 г.

Издательство «Златоуст»: 197101, Санкт-Петербург, Каменноостровский пр., д. 24, оф. 24.
Тел.: (+7-812) 346-06-68, факс: (+7-812) 703-11-79, e-mail: sales@zlat.spb.ru, http://www.zlat.spb.ru

Отпечатано по технологии CtP в типографии ОАО «Печатный двор» им. А.М. Горького.
197110, С.-Петербург, Чкаловский пр., 15.

СОДЕРЖАНИЕ

Урок первый. Будем знакомы
Unit 1. Let's get acquainted 4

Урок второй. Откуда вы?
Unit 2. Where are you from? 11

Урок третий. Семья — это семь «я»
Unit 3. Family is "me" seven times 23

Урок четвёртый. День за днём
Unit 4. Day after day 33

Урок пятый. Купить или не покупать?
Unit 5. To buy or not to buy? 44

Урок шестой. Город, транспорт, пешеход
Unit 6. City, transport, pedestrian 63

Урок седьмой. Мой дом — моя крепость
Unit 7. My home is my castle 82

Урок восьмой. Всё познаётся в сравнении
Unit 8. You learn things by comparing them 97

Урок девятый. У природы нет плохой погоды
Unit 9. Nature has no bad weather 111

Урок десятый. Свободное время
Unit 10. Free time 126

Урок одиннадцатый. Театр, кино, TV
Unit 11. Theatre, cinema, TV 149

Урок двенадцатый. Как вы выглядите?
Unit 12. What do you look like? 164

Урок тринадцатый. Скажи мне, кто твой друг
Unit 13. Tell me who your friend is 181

Урок четырнадцатый. «Мы все учились понемногу...»
Unit 14. "We all have studied bit by bit..." 188

Урок пятнадцатый. Жизнь как жизнь
Unit 15. Life is life 197

Урок первый • Unit 1

БУДЕМ ЗНАКОМЫ

Let's get acquainted

---

1 **а) Проверьте, знаете ли вы эти слова и выражения.**
Check whether you know these words and expressions.

познакомиться *(с кем?)* — to make an acquaintance
рад (а, ы) познакомиться — nice to meet you, pleased to meet you
Будем знакомы. — Let's get acquainted.
встречаться / встретиться *(с кем? где?)* — to meet
До встречи! [дафстр'эч'и] — See you! See you soon!
До завтра! — See you tomorrow!
Пока! — Bye!

б) Слушайте, повторяйте, читайте диалоги.
Listen to the dialogues, repeat and read them.

А.

— Здравствуйте. Будем знакомы. Я ваша преподавательница. Меня зовут Анна. А как вас зовут?

— Здравствуйте. Меня зовут Изабель.

— Рада познакомиться, Изабель. А это кто?

— Познакомьтесь. Это моя подруга. Её зовут Моника.

— Очень приятно познакомиться, Моника.

— Я тоже рада познакомиться, Анна. А когда мы встретимся?

— Мы встретимся завтра на уроке.

— Очень хорошо. До завтра.

— Да, до встречи на уроке.

Б.

— Приве́т! Бу́дем знако́мы. Я Фили́пп. А как тебя́ зову́т?

— Меня́ зову́т Ке́вин. Рад познако́миться, Фили́пп.

— Я то́же о́чень рад. Познако́мься. Э́то мой друг. Его́ зову́т Джон.

— О́чень прия́тно познако́миться. Мы встре́тимся за́втра?

— Да, коне́чно.

— Ну хорошо́. До за́втра.

— До встре́чи.

в) Восстановите диалоги.
Complete the dialogues.

А.

— Здра́вствуйте. Бу́дем _____. Меня́ _____ Ви́ктор.
А как _____ зову́т?

— _____. О́чень _____ познако́миться.

— Я то́же _____. Мы _____ за́втра?

— Да, _____.

— Ну, до _____.

— До свида́ния. _____.

Б.

— Приве́т! _____ знако́мы. _____Анна.
А как _____?

— _____ зову́т _____.

— О́чень _____, _____. Я _____ познако́миться.

— Я _____. Когда́ мы _____?

— Мы встре́тимся _____.

— Отли́чно. Я _____.

— Ну, _____, Анна.

— _____.

г) Составьте диалоги и познакомьтесь друг с другом.
Make up dialogues and get acquainted with each other.

Запомните!

> Добрый день!
>
> Добрый вечер!
>
> Доброе утро!

> **Как дела?** — How are you?
>
> | | | |
> |---|:---:|---|
> | Как **ваши** дела? | = | Как **у вас** дела? |
> | Как **твои** дела? | = | Как **у тебя** дела? |
> | Как **его** дела? | = | Как **у него** дела? |
> | Как **её** дела? | = | Как **у неё** дела? |
> | Как **их** дела? | = | Как **у них** дела? |

2 а) Проверьте, знаете ли вы эти выражения.
Check whether you know these expressions.

Как жизнь? — How's it going?
Как ваши дела? — How are you?
передавать / передать
  привет *(кому?)* — to give / to send regards
Всё в порядке *(у кого?).* — Quite well. Very well.

Прекрасно! — Fine!
Нормально! — I'm OK!
Отлично! — Great!
Ничего. — So-so.

б) Прочитайте диалоги.
Read the dialogues.

А

— Доброе утро!
— Здравствуйте. Как ваши дела?
— Спасибо, \ нормально. А ваши?
— У меня всё в порядке.
— Я очень рад!

Б

— Добрый день!
— Здравствуйте. Как у вас дела?
— Прекрасно! А как у вас?
— Спасибо. У меня всё отлично!
— Я очень рада!

В

— Привет! Как жизнь?
— Привет! Отлично! Ну а как твои дела?
— Спасибо. Всё в порядке. А как мама?
— Спасибо. У неё всё хорошо.
— Я очень рада. Передай ей привет.

Г

— Добрый вечер! Как жизнь?
— Ничего. Нормально. А как у тебя?
— Всё в хорошо. А как твои родители?
— Спасибо. У них всё в порядке.
— Очень рад. Передай им привет.

в) Восстановите диалоги и прочитайте их.
Complete the dialogues and read them.

А
— Привет! _____?
— _____. А как _____?
— _____.
— Очень _____.

Б
— Доброе _____.
— _____. _____?
— _____. А _____?
— Спасибо, _____.

В
— Добрый _____!
— _____. Как _____?
— _____. А как _____?
— _____.
— _____.

г) Составьте аналогичные диалоги.
Make up similar dialogues.

Запомните!

> ### Как? ЗОВУТ Кого?
> What is one's name?
>
> ### Как? НАЗЫВАЮТ Кого?
> is called

3 **а) Прочитайте мужские имена и образованные от них мужские и женские отчества.**
Read men's names and men's and women's patronymics formed from them.

ОН	ОНА
Иван — ИванОВИЧ	Иван — ИванОВНА
Пётр — ПетрОВИЧ	Пётр — ПетрОВНА
Семён — СемёнОВИЧ	Семён — СемёнОВНА
Андрей — АндреЕВИЧ	Андрей — АндреЕВНА
Алексей — АлексеЕВИЧ	Алексей — АлексеЕВНА
Сергей — СергеЕВИЧ	Сергей — СергеЕВНА
Юрий — ЮрьЕВИЧ	Юрий — ЮрьЕВНА

б) Образуйте мужские и женские отчества от следующих имён.

Form men's and women's patronymics from the following names.

	ОН	ОНА
Михаил —	_____	_____
Владимир —	_____	_____
Филипп —	_____	_____
Николай —	_____	_____
Павел —	_____	_____
Юрий —	_____	_____
Василий —	_____	_____

4 Прочитайте фразы и продолжите их по модели.

Read the phrases and continue them according to the model.

Модель: Это Андрей. Его отца зовут Михаил. Когда Андрей будет работать, его будут называть Андрей Михайлович.

Это Нина. Её отца зовут Николай. Когда Нина будет работать, её будут называть Нина Николаевна.

Это Сергей. Его отца зовут Валерий. Когда Сергей будет работать, его будут называть _____ .

Это Наталья. Её отца зовут Константин. _____
_____ .

Это Владимир. Его отца зовут Анатолий. _____
_____ .

Это Зоя. Её отца зовут Григорий. _____
_____ .

Это Андрей. Его отца зовут Виктор. _____
_____ .

Это Ирина. Её отца зовут Павел. _____
_____ .

5 а) Проверьте, знаете ли вы эти слова и выражения.

Check whether you know these words and expressions.

ребята — children
другой — other, another
называть по именам — to call by names
понимать — to understand
Понятно? — Is it clear? Have you understood?
Вот и неправильно! — That's incorrect!
Вот и хорошо! — That's good!

б) Прочитайте рассказ В. Драгунского.
Read the story by V. Dragunsky.

В классе учительница сказала:

— Здравствуйте, ребята! Будем знакомы. Меня зовут \ Ксения Алексеевна. Поняли?

Я сказал:

— А меня зовут Денис.

Учительница сказала:

— Очень приятно.

И другие ребята сказали:

— А меня зовут Маша!

— А я Миша!

— А я Толя!

Учительница сказала:

— Вот и хорошо! Я рада познакомиться. Я буду называть вас по именам.

Потом она спросила:

— А вы как меня будете называть?

Мы ответили:

— Мы вас будем называть Се-Севна.

И учительница сказала:

— Вот и неправильно! Надо говорить Ксения Алексеевна. Понятно?

в) Ответьте на вопросы.
Answer the questions.

1. Как зовут учительницу?
2. Как учительница будет называть ребят?
3. Как вы думаете, почему ребята сказали, что они будут называть учительницу Се-Севна?
4. Как надо называть учительницу?

г) Перескажите текст от лица учительницы и от лица ребят.
Retell the text firstly on behalf of the teacher and then on behalf of the children.

6 **а) Проверьте, знаете ли вы эти выражения.**
Check whether you know these expressions.

приглашать / пригласить в гости *(кого?)* — to invite
приходить / прийти в гости *(к кому?)* — to visit
Приходите в гости! — Come to see (me)!

б) Прочитайте текст.

Read the text.

Здравствуйте. Будем знакомы. Меня зовут Андрей. Я живу в Петербурге. Я студент третьего курса филологического факультета Петербургского университета. Однажды в библиотеке я встретился с англичанином и познакомился с ним. Его зовут Джон. Он приехал из Англии, из Манчестера, и сейчас учится в нашем университете. Он мне очень понравился, потому что он симпатичный парень и, по-моему, интересный человек. У меня есть мама. Я её очень люблю и всегда рассказываю ей обо всём. Когда я рассказал ей о Джоне, мама сказала: «Я тоже хочу познакомиться с ним. Ты должен пригласить его к нам в гости». На следующий день, когда мы с Джоном встретились в кафе, я сказал: «Приходи к нам в гости в субботу. Моя мама очень хочет познакомиться с тобой». В субботу, когда Джон пришёл к нам в гости, я сказал: «Мама, познакомься, это Джон. Джон, познакомься, это моя мама». Мама была очень рада. Она сказала: «Будем знакомы, Джон. Меня зовут Анна Михайловна, но вы друг моего сына, поэтому вы можете называть меня Анна». Джон сказал: «Очень приятно. Я тоже рад познакомиться с вами. Я буду называть вас Анна». Мама спросила Джона: «Как жизнь, Джон?» Он сказал: «Спасибо, хорошо. А как ваши дела?» Мама ответила: «Прекрасно!» А потом она сказала: «Я рада, что вы пришли, потому что я очень люблю, когда к нам приходят гости».

в) Ответьте на вопросы.

Answer the questions.

1. Кто такой Андрей?
2. Где Андрей познакомился с Джоном?
3. Откуда приехал Джон?
4. Что Джон делает в Петербурге?
5. Почему Джон понравился Андрею?
6. Что сказала мама, когда Андрей рассказал ей о Джоне?
7. Где встретились Андрей и Джон на следующий день?
8. Куда пригласил Андрей Джона?
9. Когда Джон пришёл в гости к Андрею?
10. Что сказали друг другу Джон, Андрей и его мама?

г) Составьте диалоги-знакомства, используйте выражения из текста.

Make up similar dialogs, use expressions from the text.

7 Скажите:

Say:

❑ Как зовут ваших друзей? Как вы их называете?
❑ Как зовут вашего преподавателя русского языка? Как вы называете вашего преподавателя / вашу преподавательницу русского языка?
❑ Как вас зовут и как называют вас ваши друзья? родители?

Урок второй • Unit 2

ОТКУДА ВЫ?

Where are you from?

---

1   **Прочитайте пары слов — названий стран и городов и продолжите.**
Read the pairs of words — the names of the countries and continue the list.

	ЖИТЬ ГДЕ?	ПРИЕХАТЬ ОТКУДА?
	To live where?	To arrive from where?
АвстрИЯ, ВенА	В АвстрИИ, В ВенЕ	ИЗ АвстрИИ, ИЗ ВенЫ
ГерманИЯ, Берлин	В ГерманИИ, В БерлинЕ	ИЗ ГерманИИ, ИЗ БерлинА
ИспанИЯ, БарселонА	_____	_____
ИталИЯ, Рим		
ФранцИЯ, Париж	_____	_____
АмерикА, АтлантА	В АмерикЕ, В АтлантЕ	ИЗ АмерикИ, ИЗ АтлантЫ
КанадА, ОттавА	_____	_____
КореЯ, Сеул	_____	_____
КитаЙ, Пекин	В КитаЕ, В ПекинЕ	ИЗ КитаЯ, ИЗ ПекинА

Запомните!

> ОслО — в ОслО, из ОслО
>
> КиотО — в КиотО, из КиотО
>
> МехикО — в МехикО, из МехикО
>
> ХельсинкИ — в ХельсинкИ, из ХельсинкИ

2   **Расскажите о себе по модели.**
Tell about yourself according to the model.

Модель: Я приехал из России.
          Я живу в Москве.

3 **а) Читайте, обращайте внимание на словообразовательные суффиксы.**
Read paying attention to the word-formative suffixes.

Испания — испанСКий.   Он испанЕЦ,   она испанКа,   они испанцы.
Япония — японСКий.   Он японЕЦ,   она японКа,   они японцы.
Америка — американСКий.   Он американЕЦ,   она американКа,   они американЦы.
Италия — итальянСКий.   Он итальянЕЦ,   она итальянКа,   они итальянЦы.

Китай — китайСКий.   Он китаЕЦ,   она китаЯНКа,   они китайЦы.
Корея — корейСКий.   Он кореЕЦ,   она кореЯНКа,   они корейЦы.
Австрия — австрийСКий.   Он австриЕЦ,   она австрийКа,   они австрийЦы.
Норвегия — норвежСКий.   Он норвежЕЦ,   она норвежКа,   они норвеЖЦы.
Франция — францУзСКий.   Он францУз,   она францужЕНКа,   они францУЗы.
Финляндия — финСКий.   Он финн,   она финКа,   они фиННы.
Швеция — шведСКий.   Он швед,   она шведКа,   они швеДы.
Англия — английСКий.   Он англиЧАНИН,   она англиЧАНКа,   они англиЧАНе.

Запомните!

> **Германия — немецКий**
> **Он немЕЦ,   она немКа,   они немЦы.**

б) Скажите, кто вы и кто учится в вашей группе, по модели.
Say who you are and who study in your group according to the model.

Модель: Я китаец. В нашей группе учатся японка, японец и корейцы.
Японцы говорят по-японски, а корейцы — по-корейски.

4 **а) Прочитайте формы существительных и прилагательных, образованных от них при помощи суффиксов, и продолжите по модели.**
Read the forms of the nouns and adjectives formed from them with help of the suffixes and continue according to the model.

Россия — Русь — русский, по-русски
Китай — китаец — китайский, по-китайски
Италия — итальянец — итальянский, по-итальянски
Норвегия — норвежец — норвежский, по-норвежски
Швеция — швед — шведский, по-шведски
Франция — француз — французский, по-французски
Финляндия — финн — финский, по-фински
Германия — немец — немецкий, по-немецки

б) Образуйте формы прилагательных.
Form adjectives.

Испания — _____

Корея — _____

Япония — _____

Исландия — _____

Украина — _____

Голландия — _____

Канада — _____

Ирландия — _____

Англия — _____

в) Скажите, какие иностранные языки вы изучали.
Используйте модель.
Say what foreign languages you have studied.

Модель: Я изучал(а) английский язык.
Я говорю по-английски очень хорошо (не очень хорошо, плохо).

5 **а) Прочитайте словосочетания и продолжите по модели.**
Read the word-combinations and continue according to the model.

Модель: Петербург — ПетербургСКий университет
Москва — Москов**ов**СКий университет
Токио — Токий**й**СКий университет
Сеул — Сеуль**ь**СКий университет

Рим — _____

Берлин — _____

Варшава — _____

Пекин — _____

Лондон — _____

Ливерпуль — _____

Вена — _____

Хельсинки — _____

б) Скажите, в каком университете вы учитесь.
Say in what university you study.

Запомните!   УЧИТЬСЯ где?   в какOM университете?
в какOЙ школе?

6 **Прочитайте предложения и продолжите по модели.**
Read the sentences and continue according to the model.

Модель: Я русский. Мой родной язык русский. Я читаю, пишу, говорю и думаю по-русски. Я хорошо говорю НА английскОМ языкЕ. Я учусь В МосковскОМ университетЕ.

Он англичанин. Его родной язык _____. Он _____, _____, _____ и _____. Он _____ в _____ (Манчестер) университете.

Она француженка. Её родной язык _____. Она _____, _____, _____ и _____. Она _____ в _____ (Тулуза) _____.

Франц и Марта — немцы. Их родной язык _____. Они _____ в _____ (Гамбург) университете. Они _____, _____, _____ и _____.

Мы итальянцы. Наш _____ итальянский. Мы _____, _____, _____ и _____. Мы _____ в _____ (Неаполь) _____.

Ты японец. Твой _____. Ты _____, _____, _____ и _____. Ты _____ (Токио) _____.

Вы китайцы. Ваш _____. Вы _____, _____, _____ и _____. Вы _____ в _____ (Пекин) _____.

7 **а) Проверьте, знаете ли вы эти выражения.**
Check whether you know these expressions.

Правда, что ... ? — Is it true that ... ? **Разве это ... ?** — It is ... . Isn't it? **А что?** — And why?

б) Прочитайте диалоги.
Read the dialogues.

А

— Скажите, пожалуйста, \ правда, \ что вы англичанин?

— Правда. Я из Англии, из Ливерпуля.

— А разве это английский город?

— Конечно, английский. А что?

— А я думал, шотландский. А вы говорите по-русски?

— Да, \ я немного говорю по-русски.

— Вы учитесь в Ливерпуле?

— Да, \ я учусь в Ливерпульском университете.

Б

— Извините, \ правда, \ что вы француженка?

— Правда. Я из Франции, из Тулузы.

— А разве это французский город?

— Конечно, французский. А что?

— А я думала, итальянский. А вы говорите по-английски?

— Да, \ я хорошо говорю по-английски.

— Вы учитесь в Тулузе?

— Нет, \ я учусь не в Тулузе. Я учусь в Римском университете.

В

— Слушай, \ правда, \ что ты немец?

— Правда. Я из Германии, из Бонна.

— А разве это немецкий город?

— Конечно, немецкий. А что?

— А я думал, австрийский. А ты говоришь по-французски?

— Нет, \ я совсем не говорю по-французски.

— Ты учишься в Бонне?

— Нет, \ я учусь не в Бонне. Я учусь в Берлинском университете.

в) Составьте аналогичные диалоги.

   Make up similar dialogues.

Запомните!

Говорить на какОМ языкЕ?

8 **Скажите:**

Say:

❑ Кто вы?

❑ Какой ваш родной язык?

❑ Какие языки вы изучали в школе?

❑ На каком языке вы говорите хорошо? не очень хорошо? плохо?

❑ В каком университете вы учитесь сейчас?

❑ В каком университете вы учились раньше?

9 **а) Прочитайте текст.**

   Read the text.

Меня зовут Ингвар. Я швед. Я приехал из Швеции. Там я живу в старинном шведском городе Гётеборге. Джон, Анна, Себастьян, Алиса, Рейчел, Норико и

Питер — это наша группа. Все они студенты. Джон — американец. Он приехал из Америки. Он живёт в Денвере и учится в Денверском университете. Он говорит только по-английски. Анна — итальянка. Она приехала из Италии. Она живёт в Риме. Она говорит по-итальянски и немного по-английски. Себастьян — испанец. Он приехал из Испании. Он живёт в Барселоне. Он говорит только по-испански. Алиса — канадка. Она приехала из Канады. Она живёт в Оттаве. Она прекрасно говорит по-английски и неплохо — по-французски. Рейчел — англичанка. Она приехала из Англии. Она живёт в Лондоне. Она говорит по-английски, по-немецки и немного по-французски. Норико — японка. Она приехала из Японии. Она живёт в Токио. Она говорит по-японски и хорошо понимает по-английски. Питер — австралиец. Он приехал из Австралии. Он живёт в Сиднее. Он говорит только по-английски. Наша преподавательница — русская. Она живёт в России, в Петербурге. Она учит нас говорить, читать, писать и понимать по-русски.

б) Составьте диалоги по модели, используя информацию из текста.
Make up dialogues according to the model using the information given in the text.

Модель: — Правда, \ что Ингвар швед?
— Да, \ правда. Он приехал из Швеции, \ из Гётеборга.

10 **Скажите:**
Say:

❑ Кто учится в вашей группе?
❑ Из какой страны они приехали и из какого города?
❑ Какой язык — их родной язык?
❑ На каком языке и как они могут говорить?

Запомните!

> ### РОДИТЬСЯ, ЖИТЬ, БЫТЬ, УЧИТЬСЯ *где?* (В, НА)
>
> В *КАКОМ* городЕ, В *КАКОЙ* странЕ
> В *КАКОМ* домЕ, В *КАКОЙ* квартирЕ
>
> НА *КАКОМ* проспектЕ
> НА *КАКОЙ* улицЕ, НА *КАКОЙ* площадИ
> (НА *БЕГОВОЙ* улицЕ / улицЕ *ЧЕХОВА*)

11 **Прочитайте вопросы и ответьте на них.**
Read the questions and answer them.

1. В как**ой** стран**е** вы родились?
2. В как**ом** город**е** вы живёте?
3. В как**ой** стран**е** и в как**ом** город**е** вы учитесь?
4. В как**ом** университет**е** и на как**ом** факультет**е** вы учитесь?

16

5. На как**ой** улиц**е** вы живёте в вашем родном городе?

6. На как**ой** улиц**е** вы живёте здесь, в России? В каком доме?

12 а) **Прочитайте адреса по образцу.**

Read the following addresses according to the model.

Модель: Анна Павловна Петрова живёт в России, в городе Петербурге, на проспекте Культуры, в доме номер 24, корпус 2, в квартире 178.

> Ирина Николаевна Нелюбова
> Россия, г. Санкт-Петербург,
> ул. Достоевского, д. 20, кв. 14.

> Юрий Викторович Приёмышев
> Россия, г. Гатчина,
> ул. Рощинская, д. 9, корп. 3, кв. 79

> Юлия Сергеевна Агафонова
> Белоруссия, г. Минск,
> ул. Садовая, д. 53, кв. 16

> Николай Павлович Микуленко
> Украина, г. Киев,
> пр. Науки, д. 124, корп. 1, кв. 214

б) **Заполните пропуски и расскажите о себе.**

Fill in the gaps and tell about yourself.

Я родился (родилась) в _____, в _____ .

Я живу в _____, в _____, на _____ .

Я учусь в _____, в _____ университете.

Я был (была) в _____, в _____ .

Сейчас я живу в _____ в _____ на _____

_____ и учусь в _____ .

Запомните!

0 — ноль			
1 — один	11 — одинНАДЦАТЬ		100 — СТО
2 — два	12 — двЕНАДЦАТЬ	20 — дваДЦАТЬ	200 — двЕСТИ
3 — три	13 — триНАДЦАТЬ	30 — триДЦАТЬ	300 — триСТА
4 — четыре	14 — четырНАДЦАТЬ	40 — СОРОК	400 — четыреСТА
5 — пять	15 — пятНАДЦАТЬ	50 — пятьДЕСЯТ	500 — пятьСОТ
6 — шесть	16 — шестНАДЦАТЬ	60 — шестьДЕСЯТ	600 — шестьСОТ
7 — семь	17 — семНАДЦАТЬ	70 — семьДЕСЯТ	700 — семьСОТ
8 — восемь	18 — восемНАДЦАТЬ	80 — восемьДЕСЯТ	800 — восемьСОТ
9 — девять	19 — девятНАДЦАТЬ	90 — девяНОСТО	900 — девятьСОТ
10 — десять			1000 — ТЫСЯЧА

13 Слушайте числительные и пишите их. Проверьте написанное.
Listen to the numerals and write them down. Check what you have written.

7, 9, 6, 0, 11, 13, 17, 28, 19, 34, 40, 12, 47, 56, 129, 234, 89, 194, 247, 358, 459, 619, 712, 1256, 891, 747, 204, 307, 106, 576, 907, 1492.

14 а) Прочитайте номера телефонов.
Read the telephone numbers.

112-68-40, 559-86-68, 532-19-00, 722-43-50, 327-19-12, 444-23-16, 239-51-78, 8-911-247-51-17, 8-921-358-91-77.

б) Прочитайте диалог. Разыграйте диалоги по образцу.
Read the dialogue. Make up dialogues according to the model.

Модель: — Скажите, пожалуйста, \ какой у вас номер телефона?

— Мой номер телефона \ 122-43-50. А ваш?

— У меня только мобильный. Запишите: \ 8-911-237-46-34.

15 Игра «Телефон». Сообщите вашему партнёру на ухо номер телефона, он говорит этот номер своему партнёру и так далее. Последний в цепочке должен сказать этот номер телефона вслух. Проверьте, правильный ли он.
Game "Telephone". Whisper in your partner's ear a telephone number. This partner tells this telephone number his partner etc. Last person in the chain has to say the telephone number aloud. Check at the end of the game whether the number is correct.

16 а) Напишите свой адрес и номер телефона в России и дома и прочитайте вслух то, что вы написали.
Write down your address and telephone number that you have in Russia and at home and read aloud what you have written.

Дома я живу _____

_____

В России я живу _____

_____

б) Скажите, где живут ваши родители, друзья, какой у них номер телефона.
Say where your parents, friends live, what their telephone numbers are.

Как? НАЗЫВАЕТСЯ Что?

is called

17 Прочитайте вопросы и ответьте на них по модели.

Read the questions and answer them according to the model.

Модель: — Как называется университет, \ где вы учитесь?

— Университет, где я учусь, \ называется Петербургский

государственный университет.

1. Как называется страна, где вы живёте?
2. Как называется город, где вы живёте?
3. Как называется университет, где вы учитесь?
4. Как называется фирма, где работает ваш отец?
5. Как называется улица, на которой вы сейчас живёте?

ЗНАЕТЕ ЛИ ВЫ, ЧТО…

DO YOU KNOW THAT…

Город **называется** Санкт-Петербург **в честь** (in honour of) святого Петра. Крепость **называется** Петропавловская **в честь** святого Петра и святого Павла.

---

18 Как вы думаете:

What do you think:

❑ В честь кого город в Америке называется Сан-Франциско?
❑ В честь кого город во Франции называется Париж?
❑ В честь кого город в России называется Екатеринбург?
❑ В честь кого станция метро в Петербурге называется «Горьковская»?
❑ В честь кого станция метро в Москве называется «Маяковская»?

19 **Прочитайте вопросы и ответьте на них по модели.**
Read the questions and answer them according to the model.

Модель: — Знаете ли вы, \ почему город называется Санкт-Петербург?

— Да, \ я знаю, \ почему город называется Санкт-Петербург.

Он называется Санкт-Петербург \ в честь святого Петра.

— Нет, \ я не знаю, \ почему город называется Санкт-Петербург.

Скажите, пожалуйста, \ почему?

1. Знаете ли вы, почему проспект называется Невский?
2. Знаете ли вы, почему река называется Фонтанка?
3. Знаете ли вы, почему город называется Пушкин?
4. Знаете ли вы, как ещё называется город Пушкин?
5. Знаете ли вы, почему памятник Петру Первому называется Медный всадник (The Copper Rider)?
6. Знаете ли вы, почему река называется Мойка?
7. Знаете ли вы, почему музей называется Русский?
8. Знаете ли вы, почему собор называется Исаакиевский?
9. Знаете ли вы, почему дворец называется Зимний?
10. Знаете ли вы, почему площадь называется Дворцовая?

Запомните!

| **Что? НАХОДИТСЯ Где?** |
| is placed |

20 **а) Прочитайте диалоги.**
Read the dialogues.

А.

— Извините, \ скажите, пожалуйста, \ как называется эта улица?

— Это Шпалерная.

— А вы не знаете, \ где находится Таврическая улица?

— Прямо \ и налево.

— Спасибо большое.

— Не за что. (Don't mention it.)

Б.

— Извините, \ скажите, пожалуйста, \ как называется эта станция метро?

— Это «Горьковская».

— А вы не знаете, \ где «Петроградская»?

— Это следующая станция.

— Спаси́бо большо́е.

— Не́ за что.

В.

— Извини́те, \ скажи́те, пожа́луйста, \ как называ́ется э́та у́лица?

— Э́то Потёмкинская.

— А вы не зна́ете, \ где здесь Тверска́я у́лица?

— Пря́мо, \ напра́во, \ а пото́м нале́во.

— Спаси́бо большо́е.

— Не́ за что.

б) Составьте диалоги, используя следующие названия улиц, проспектов и станций метро Петербурга.
Make up dialogues using the following names of streets, avenues and metro stations of St. Petersburg.

Станции метро:
«Технологический институт»
«Садовая»
«Сенная площадь»
«Достоевская»
«Фрунзенская»

Улицы:
Можайская
Шпалерная
Потёмкинская
Наличная
Благодатная

Проспекты:
Загородный
Вознесенский
Средний
Московский
Лиговский

21 **а) Прочитайте текст.**
Read the text.

Меня зовут Андрей. У меня есть английский друг Джон. Моя мама хотела познакомиться с ним. Однажды я познакомил её с ним. «Откуда вы приехали, Джон?» — спросила мама. Он ответил, что он приехал из Англии. «А где вы там живёте?» — спросила мама. Джон ответил, что он живёт в Ливерпуле. Мама спросила: «А разве Ливерпуль — английский город?» Джон сказал: «Конечно, английский. А что?» Мама сказала: «А я думала, что это шотландский город. Скажите, пожалуйста, Джон, а вы знаете, почему город называется Ливерпуль?» Джон сказал, что он не знает, почему город называется Ливерпуль. Мама сказала: «Ну что ж, я тоже не знаю, почему наша столица называется Москва. Но я хорошо знаю, что группа "Битлз" из Ливерпуля. Это правда?» — «Конечно, правда, — сказал Джон, — я рад, что я тоже из Ливерпуля». — «А где вы здесь живёте?» — спросила мама. Джон сказал, что он живёт на Таврической улице, в доме номер 9, в квартире номер 24. «А какой у вас номер телефона?» — спросила мама. Джон сказал, что его номер телефона 327-57-89. «А у вас есть электронный адрес?» — спросила мама. Джон не понял и спросил: «Что значит "электронный адрес"?» — «Электронный адрес, — сказала мама, — это e-mail». — «Понятно, — сказал Джон. — Конечно, у меня есть электронный адрес». Мама сказала: «Вы хорошо говорите по-русски, Джон». — «Нет, я ещё плохо говорю по-русски, — сказал Джон, — а вы говорите по-английски?» Мама сказала, что она совсем не говорит по-английски, потому что она изучала только французский язык. Потом мы долго разговаривали о жизни в Ливерпуле и в Петербурге, говорили о группе «Битлз» и даже слушали музыку. Моя мама и Джон были рады, что познакомились, потому что они оба очень любили «Битлз».

б) Ответьте на вопросы.
Answer the questions.

1. Какие вопросы задавала мама Джону?
2. О чём они разговаривали?
3. Почему они были рады, что познакомились?

в) Выберите из текста предложения с прямой речью и трансформируйте прямую речь в косвенную по модели.
Find the sentences with the direct speech and transform them into the indirect speech according to the model.

Модель: Мама сказала: «Я рада познакомиться».
Мама сказала, что она рада познакомиться.

22 **Скажите:**
Say:

❑ Кто вы?
❑ Какой ваш родной язык?
❑ Откуда вы приехали?
❑ В каком городе вы родились?
❑ В каком городе вы живёте?
❑ Какой у вас домашний адрес?
❑ Какой у вас номер домашнего телефона?
❑ Какой у вас номер мобильного телефона?
❑ Где и в каком университете, на каком факультете вы учитесь?
❑ Какие языки вы изучали?
❑ На каком языке вы говорите хорошо? Неплохо? Плохо?
❑ Как вы говорите по-русски?

Урок третий • Unit 3

СЕМЬЯ — ЭТО СЕМЬ «Я»

Family is "me" seven times

1 **а) Проверьте, знаете ли вы эти слова и выражения.**
Check whether you know these words and expressions.

муж — husband
женат — married
жена — wife
замужем — married
конечно — of course, sure

известный — famous
сенсация — sensation
Правда? — Really?
Как интересно! — How interesting!
с удовольствием — with pleasure

б) Прослушайте интервью. 🎧
Listen to the interview.

Журналист. Добрый день, госпожа Пугачёва. Я американский журналист. Меня зовут Джон Смит. Я из Филадельфии, работаю там в небольшой газете. Я хотел бы взять у вас интервью.

Певица. Здравствуйте. Рада познакомиться. С удовольствием отвечу на ваши вопросы.

Журналист. Вы известная певица. Как я могу вас называть?

Певица. Вы можете называть меня по имени и отчеству — Алла Борисовна. А как мне вас называть?

Журналист. Вы можете называть меня просто Джон. Мне очень приятно познакомиться с вами, Алла Борисовна. Мой первый вопрос очень простой: вы замужем?

Певица. Да, я замужем. Моего мужа зовут Филипп Киркоров.

Журналист. Алла Борисовна, скажите, пожалуйста, сколько лет вы женаты?

Певица. Мы женаты уже много лет.

Журналист. А кто ваш муж?

Певица. Он тоже известный певец.

Журналист. Это ваш первый муж?

Певица. Нет, Филипп — мой третий муж.

Журналист. Алла Борисовна, у вас есть дети?

Певица. Да, у меня есть дочь. Её зовут Кристина.

Журналист. А сколько ей лет?

Певица. О, ей уже много лет. Она уже замужем, и у неё есть дети.

Журналист.	А кто она? Домохозяйка?
Певица.	Нет, что вы! Она тоже певица. По-моему, очень хорошая певица.
Журналист.	Очень интересно! А кто её муж? Тоже певец?
Певица.	Да, он тоже певец. Вся наша семья — певцы: я, мой муж, моя дочь, её муж и его отец.
Журналист.	Правда? Это сенсация!

в) Ответьте на вопросы.

Answer the questions.

1. У кого журналист взял интервью?
2. Как зовут певицу?
3. Кто её муж?
4. Кто её дочь?

г) Почему журналист сказал: «Это сенсация!»? Продолжите предложение.

Why has the journalist said: "It's a sensation!"? Continue the following sentence.

Журналист сказал, что это сенсация, потому что _____

_____

_____

_____

_____

д) Прослушайте интервью ещё раз, восстановите текст и составьте короткий пересказ.

Listen to the interview again and complete the text. Make up a short report.

Журналист _____ интервью у _____, которую _____
Алла Пугачёва. Журналист узнал, что у _____ есть муж, его _____
Филипп Киркоров. Он тоже _____. Ещё он узнал, что у _____
есть _____. У Кристины _____ муж. _____ муж тоже
_____. Отец _____ также поёт. Они _____ певцы.

Запомните!

Мужской род **Masculine**	Женский род **Feminine**
студент	студент + **к** + **А**
артист	артист + **к** + **А**
журналист	журналист + **к** + **А**
пенсионер	пенсионер + **к** + **А**
преподава + **тель**	преподаватель + **ниц** + **А**
школь + **ник**	школь + **ниц** + **А**
служащ + **ИЙ**	служащ + **АЯ**

NOTE:

Nouns: профессор, музыкант, инженер, менеджер, директор, архитектор, офицер, бизнесмен, бармен, программист, доктор — *only masculine*.

2 **а) Прочитайте названия профессий, переведите.**
   Read the names of the jobs and translate them.

Профессор, студент, музыкант, инженер, менеджер, директор, актёр, актриса, артист, архитектор, офицер, бизнесмен, спортсмен, бармен, журналист, программист, пенсионер, доктор, секретарь.

б) Скажите, какие ещё профессии вы знаете.
   Say what other jobs you know.

3 **а) Прочитайте предложения. Обратите внимание на интонацию.**
   Read the sentences. Pay attention to the intonation.

1. Я студент, \ **и** она студентка.
2. Он журналист, \ **и** она журналистка.
3. Мой папа — инженер, \ **и** мама — инженер.

1. Я студент, \ **а** моя сестра — школьница.
2. Мой папа — служащий, \ **а** мама — архитектор.
3. Его отец — бизнесмен, \ **а** мать — домохозяйка.

б) Прочитайте вопросы и ответьте на них по модели.
Read the questions and answer them according to the model.

Модель: — Твой друг — студент?

— Да, \ я студентка, \ и мой друг — студент.

— Твой друг студент?

— Нет, \ я студентка, \ а мой друг — журналист.

1. Твой брат — школьник?
2. Его друг — архитектор?
3. Её мама — менеджер?
4. Ваша сестра — профессор?
5. Ваш друг Джон — служащий?
6. Твоя подруга Анна — преподаватель?
7. Их мама — домохозяйка?

в) Скажите, кто по профессии ваши мама и папа, дедушка и бабушка, братья и сёстры, кто по профессии ваши друзья и знакомые. Используйте союзы И или А.
Say what your parents, grandfather, grandmother, brothers and sisters do, what your friends and acquaintances do. Use conjunctions И or А.

4 а) Слушайте текст и пишите под каждой фотографией имена и профессии этих людей.
Listen to the text, write down under each photo the names and professions of these people.

Познакомьтесь, это семья Кевина. Кевин — музыкант. Его родители — Джон и Анна. Его отец — журналист. Он работает на телевидении. Его мама не работает. Она домохозяйка. У него две сестры — старшая и младшая. Его старшую сестру зовут Алиса. Она уже не студентка. Его младшую сестру зовут Люся. Она студентка. Она учится в университете в Англии. Люся не замужем. Ещё у него есть старший брат. Его зовут Фред. Он работает в большой фирме. Он служащий. Фред не женат. Старшая сестра Кевина Алиса замужем. Её мужа зовут Эрик. Они женаты уже три года. Раньше Алиса работала в школе. Она учительница. Сейчас Алиса не работает, потому что у них недавно родился ребёнок.

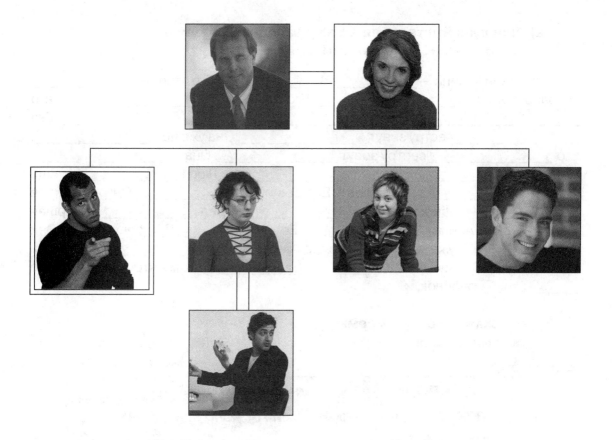

б) Ответьте на вопросы.

Answer the questions.

1. Кто отец Кевина и сколько ему лет?
2. Кто мать Кевина и сколько ей лет?
3. Кто старшая сестра Кевина и сколько ей лет?
4. Кто младшая сестра Кевина и сколько ей лет?
5. Кто старший брат Кевина и сколько ему лет?
6. Кто замужем, Алиса или Люся?
7. Кто муж сестры Кевина?
8. Почему сестра Кевина не работает?

в) Прослушайте текст ещё раз и заполните пропуски.

Listen to the text once again and fill in the gaps.

Родители Кевина — _____ и _____. Его отец — _____. Он работает на _____. Его мама _____. У него _____ сестры — _____ и _____. Его _____ сестру зовут _____. Она уже не _____. Его _____ сестру зовут _____. Она _____. Она учится в _____. Люся _____. Ещё у него есть _____ брат. Его зовут _____. Он работает в _____ фирме. Он _____. Фред _____. Старшая сестра Кевина Алиса _____. Её _____ зовут Эрик. Они _____ уже три года. Раньше Алиса работала _____. Она учительница. Сейчас Алиса _____, потому что у них недавно _____ ребёнок.

г) Расскажите о своей семье.

Tell about your family.

Запомните!

> **ДРУГ** (close friend) — *много, мало* дру**ЗЕЙ**
>
> **ПРИЯТЕЛЬ** (friend, fellow) — *много, мало* приятел**ЕЙ**
>
> **ЗНАКОМЫЙ** (acquaintance) — *много, мало* знаком**ЫХ**

5 **а) Проверьте, знаете ли вы эти слова.**

Check whether you know these words.

лучший — best
добрый — kind
весёлый — cheerful
умный — clever
ленивый — lazy

счастливый — happy
скучный — boring
прекрасный — fine
отличный — excellent, perfect
симпатичный — nice, attractive
знакомый — acquaintance, friend

б) Прочитайте предложения.

Read the sentences.

1. У моей подруги много друзей и знакомых.
2. Борис — мой лучший друг.
3. Все мои знакомые — прекрасные люди.
4. Мой новый знакомый — отличный человек.
5. Наша семья очень счастливая.
6. Пётр — очень скучный человек.

7. Мой брат очень ленивый.

8. У меня умные и добрые родители.

9. У него очень симпатичная сестра.

10. Я люблю весёлых людей.

Запомните!

> ## ЧТО ЗА ЧЕЛОВЕК ... ?
> What kind of person ... ?

6 **Читайте вопросы и отвечайте по модели.**
Read the questions and answer them according to the model.

Модель: — Что за человек \ твой брат?

— По-моему, \ мой брат — отличный человек.

1. Что за человек \ твоя сестра?

2. Что за человек \ ваш новый директор?

3. Что за человек \ её новый знакомый?

4. Что за человек \ его отец?

5. Что за человек \ твоя подруга?

6. Что за человек \ твой приятель?

7. Что за человек \ ваша сестра?

7 **Посмотрите на эти фотографии и скажите, что это за люди.**
Используйте выражения ПО-МОЕМУ и МНЕ КАЖЕТСЯ.
Look at these photographs and say what kind of people they are. Use the expressions
ПО-МОЕМУ и МНЕ КАЖЕТСЯ.

8 **Прослушайте диалоги и ответьте на вопросы.**
Listen to the dialogues and answer the questions.

А

— Привет, Анна! Как дела?

— Спасибо, \ всё в порядке. А как твои дела?

— Тоже всё в порядке. А с кем ты разговаривала в коридоре?

— Это мой новый знакомый.

— Правда? А что за человек \ твой новый знакомый?

— По-моему, \ он очень симпатичный \ и весёлый.

Что за человек новый знакомый Анны?

Б

— Здравствуй, Марк.

— Привет, Карл. Ну, как жизнь?

— Спасибо, \ нормально. А как твои дела?

— Всё в порядке. А кто это там в твоей комнате?

— Это мой приятель.

— Правда? А что он за человек?

— Мне кажется, \ он серьёзный, \ умный, \ но скучный.

Что за человек приятель Карла?

9 **Посмотрите на фотографию этой семьи. Кто из них кто?**
Как вы думаете, кто они по профессии?
Какие они, по вашему мнению, люди?
Look at the photograph of this family. Who is who? What do you think is their occupation?
What kind of people are they?

Борис Николаевич,
Наина Иосифовна,
Маша,
Татьяна,
Ваня,
Елена

10 **а) Проверьте, знаете ли вы эти слова.**
   Check whether you know these words.

бабушка — grandmother	**племянник** — nephew
прабабушка — great-grandmother	**племянница** — niece
родная сестра — full sister	**двоюродная сестра** — first cousin
родной брат — full brother	**двоюродный брат** — first cousin
внук — grandson	**внучка** — granddaughter

б) Составьте рассказ об этой семье, используйте новые слова.
   Make up a story about this family, use the new words.

11 **а) Прочитайте текст.**
   Read the text.

Моя мама очень любопытная, поэтому она начала спрашивать Джона о его семье. «Джон, какая у вас семья?» — спросила мама. Джон ответил, что у него большая семья. У него есть родители, старшая сестра и два младших брата. «Кто ваши родители?» — спросила мама. «Моя мама — домохозяйка, а мой отец работает в фирме "Ай-Би-Эм"». — «А кто ваш отец по профессии?» — снова спросила мама. Джон сказал, что его отец — старший менеджер фирмы. Но Джон тоже любопытный, поэтому он спросил мою маму: «Извините, а кто вы по профессии?» Мама сказала, что она всю жизнь работает в школе, она учительница. «Правда? Не может быть! Неужели вы учительница? — воскликнул Джон. — Как интересно! А кто ваш муж по профессии?» — «Мой муж и отец Андрея — инженер, он работает в институте, — ответила мама. — Он очень добрый и умный человек, но иногда бывает очень серьёзный и такой скучный! А какие люди ваши родители? Они весёлые или серьёзные?» Джон сказал, что у него хорошие и весёлые родители. «Интересно, — сказала мама, — а ваша старшая сестра работает?» — «Нет, — сказал Джон, — моя старшая сестра Эмма ещё не работает, она ещё студентка». — «А она уже замужем?» — спросила мама. «Нет, она ещё не замужем, ей только 21 год. Эмма — очень серьёзная девушка. Она хочет сделать карьеру». — «А ваши младшие братья учатся в школе?» — спросила мама. Джон ответил, что один брат уже учится в школе, а другой ещё маленький, ему только 4 года. «Они, наверное, очень симпатичные и умные ребята», — сказала мама. «Да, конечно, они весёлые и умные дети. Я их очень люблю, — сказал Джон. — Наша семья очень дружная, и мы все любим друг друга». — «Ну что ж, — сказала мама, — по-моему, вы все счастливые люди». — «Я думаю, — сказал Джон, — что ваша семья тоже очень хорошая и счастливая». — «Ну конечно!» — сказала мама.

б) Ответьте на вопросы по модели.
Answer the questions according to the model.

Модель: — Мама спрашивала Джона о том, *что — где — какой...*
           — Джон рассказал маме о том, *что — где — какой...*

1. О чём спрашивала мама Джона?
2. О чём спрашивал Джон маму?
3. Что Джон рассказал маме о своих родителях?
4. Что мама рассказала Джону о своём муже?
5. Что рассказал Джон о своих братьях и сестре?
6. Что сказала мама о семье Джона?

12 Скажите:
Say:

- ❑ Кто у вас есть?
- ❑ Как зовут ваших родителей?
- ❑ Какие люди ваши родители?
- ❑ Кто ваш отец и кто ваша мать по профессии?
- ❑ Как зовут ваших братьев или сестёр?
- ❑ Какие ваши братья и сёстры — старшие или младшие?
- ❑ Сколько им лет?
- ❑ Кто ваши братья или сёстры по профессии?
- ❑ Какие они люди?
- ❑ Какая, по вашему мнению, ваша семья?

Урок четвёртый • Unit 4
ДЕНЬ ЗА ДНЁМ
Day after day

1 **а) Проверьте, знаете ли вы эти слова.**
   Check whether you know these words.

просыпаться / проснуться — to wake up, ot awake
вставать / встать — to get up
ложиться / лечь спать — to go to bed
умываться / умыться — to wash (oneself)
принимать / принять душ — to take a shower
чистить / почистить зубы — to brush teeth
одеваться / одеться — to dress up, to put on (clothes)
завтракать / позавтракать *(где? с кем?)* — to have breakfast
обедать / пообедать *(где? с кем?)* — to have lunch / dinner
ужинать / поужинать *(где? с кем?)* — to have supper
опаздывать / опоздать *(куда? на что?)* — to be late
возвращаться / вернуться (домой) — to come back (home)

Запомните!

каждый день — every day **каждое утро** — every morning **каждый вечер** — every evening **обычно** — usually **иногда** — sometimes **часто** — often **редко** — seldom **всегда** — always **никогда** — never	**+ НСВ** (the imperfective)

б) Прочитайте предложения.
   Read the sentences.

1. **Каждое утро** я просыпаюсь в 7 часов.
   Сегодня утром я проснулся в 8 часов.
2. **Каждое утро** я встаю и принимаю душ.
   Сегодня утром я встал и принял душ.

33

3. **Каждый вечер** я умываюсь и чищу зубы.

   Сегодня вечером я умылась и почистила зубы.
4. Я **всегда** одеваюсь после завтрака.

   Сегодня утром я оделась после завтрака.
5. **Иногда** я возвращаюсь домой в пять часов.

   Сегодня я вернулась домой в девять часов.
6. Мой друг **часто** опаздывает на занятия.

   Сегодня мой друг опоздал на занятия.
7. Я **редко** обедаю дома.

   Сегодня я пообедала дома.
8. Моя сестра **никогда** не ужинает.

   Сегодня моя сестра поужинала.

2 **а) Прочитайте текст, подчеркните новые глаголы и скажите, какого они вида.**

   Read the text, underline the new verbs and define their aspect.

Каждое утро мой брат просыпается в восемь часов утра. Он встаёт, умывается, а после этого он завтракает. После завтрака он чистит зубы и одевается. Сегодня он проснулся поздно. Он умылся, почистил зубы, но не позавтракал, потому что он опаздывал на работу. Каждый день мой брат обедает в кафе со своими коллегами. После работы он часто встречается с друзьями, ужинает с ними и ходит в спортзал. Мой брат редко возвращается домой рано. Обычно он возвращается домой в девять или в десять часов вечера, поэтому он никогда не смотрит телевизор. Он часто ложится спать поздно, примерно в двенадцать часов или в час ночи. Вчера он вернулся домой рано, примерно в семь часов. Мы поужинали все вместе, немного посмотрели телевизор и рано легли спать.

б) Восстановите вопросы по ответам.

   Reconstruct questions basing on the answers.

— _____

— Каждое утро мой брат просыпается в восемь часов утра.

— _____

— Утром он умывается.

— _____

— Да, он принимает душ.

— _____

— Мой брат обедает в кафе.

— _____

— После работы он встречается с друзьями.

— _____

— После работы они ходят в спортзал.

— _____

— Сегодня он вернулся домой в семь часов.

в) Прослушайте текст и восстановите его.
Listen to the text and complete it.

_____ мой брат _____ в восемь часов утра.
Он _____, _____, а после _____ он _____.
_____ завтрака он _____ и _____. Сегодня
он _____ поздно. Он _____, _____,
но не _____, потому что он _____ на работу. Каждый
_____ мой брат _____ в кафе. После _____ он _____
_____ с друзьями, _____ с ними и _____ в спортзал.
Мой брат _____ рано. Обычно он _____
домой _____ часов. Часто он _____
_____ в двенадцать часов. Вчера он _____
_____ рано. Мы _____ все вместе, _____ телевизор
и _____ .

3 **Скажите:**

Say:

❑ Что вы всегда делаете утром, днём и вечером?
❑ Что вы сделали вчера утром, днём и вечером?
❑ Что вы будете делать сегодня вечером?

4 **а) Прочитайте и выучите слова и выражения из текста.**

Read and learn the new words and expressions from the text.

долго — for a long time
наконец — at last
звать / позвать (*кого? куда?*) — to call
пора — it is time
смеяться / засмеяться — to laugh
Спокойной ночи! — Good night!

тогда — so
Ну, тогда… — Well, then...
улыбаться / улыбнуться — to smile
ещё — some more
быстро — fast, quickly

б) Прочитайте рассказ В. Драгунского.

Read the story by V. Dragunsky.

Меня зовут Денис. Я люблю играть во дворе. Обычно \ я долго играю там.
Сегодня \ я тоже долго играл. Наконец \ мама позвала меня домой:

— Денис! Иди ужинать.

Я ещё немного поиграл \ и пошёл домой. На ужин \ я поел хлеба с маслом \
и выпил чай с молоком. Потом я умылся, \ почистил зубы \ и начал раздеваться.
Папа спросил:

— Ты что, \ спать хочешь? Почему ложишься?

35

Я сказал:

— Завтра в школу! Пора ложиться спать.

Он улыбнулся:

— Ещё рано, \ семь часов.

Я ему сказал:

— Я так рано ложусь спать, \ потому что завтра \ мне надо идти в школу. Я очень хочу в школу \ и поэтому буду спать быстро!

Папа засмеялся \ и сказал:

— Ну, тогда спокойной ночи!

в) Ответьте на вопросы.
Answer the questions.

1. Что сделал Денис, когда вернулся домой?
2. Как вы думаете, Денис всегда ложится спать так рано?
3. Почему Денис сказал, что пора ложиться спать?
4. Как вы думаете, почему папа засмеялся?

г) Перескажите текст сначала от лица Дениски, а потом от лица его папы и мамы.
Retell the text firstly on behalf of the boy and then on behalf of his dad and mum.

5 Ответьте на вопросы по модели.
Answer the questions according to the model.

Модель: — Ты что, \ спать хочешь? Почему ты лёг на диван?

— Потому что **пора ложиться** спать.

1. Ты что, пообедать хочешь? Почему ты идёшь в кафе?
2. Ты что, пойти домой хочешь? Почему ты одеваешься?
3. Ты что, позаниматься хочешь? Почему ты взял тетрадь?
4. Ты что, принять душ хочешь? Почему ты идёшь в ванную?
5. Ты что, поесть хочешь? Почему ты на кухне?
6. Ты что, погулять хочешь? Почему ты оделся?

Сколько сейчас времени?

What time is it now?

6 **Прочитайте и найдите часы, которые показывают это время.**

Read and find the clocks that show this time.

1. Десять минут четвёртого.
2. Двадцать пять минут четвёртого.
3. Пять часов.
4. Пятнадцать минут шестого.
5. Половина седьмого (полседьмого).
6. Двадцать пять минут восьмого.
7. Пятнадцать минут девятого.
8. Восемь тридцать.

9. Три тридцать пять.
10. Без двадцати минут пять.
11. Без пятнадцати два.
12. Без пяти двенадцать.
13. Без пятнадцати десять.
14. Без двадцати три.
15. Без пятнадцати четыре.
16. Без пяти десять.

7 **Найдите правильный ответ и прочитайте его по модели.**
Find the right answer and read it according to the model.

Модель: 12:25 ————————→ двадцать пять минут первого

Двенадцать двадцать пять — это двадцать пять минут первого.

2:40	без десяти десять
3:15	без пятнадцати восемь
5:20	десять минут девятого
7:45	двадцать минут шестого
4:30	пятнадцать минут четвёртого
8:10	без двадцати три
9:50	без пяти одиннадцать
10:55	полпятого

8 **а) Проверьте, знаете ли вы эти слова.**
Check up whether you know these words.

начинаться / начаться *(когда? во сколько?)* — to begin, to start
продолжаться *(сколько времени?)* — to last
заканчиваться / закончиться *(когда? во сколько?)* — to finish

б) Прочитайте предложения.
Read the sentences.

1. Обычно занятия начинаются в 9:30.
2. Сегодня занятия начались в 11:20.
3. Обычно занятия заканчиваются в 12:50.
4. Сегодня занятия закончились в 15:00.
5. Одно занятие продолжается полтора часа (один час тридцать минут).
6. Сегодня занятие продолжалось два часа.
7. Занятие по грамматике начинается в 9:00, а занятие по фонетике начинается в 10:30.
8. Перерыв продолжался полчаса (30 минут).

Запомните!

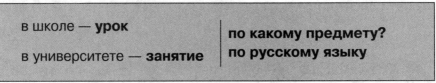

в школе — **урок**	**по какому предмету?**
в университете — **занятие**	**по русскому языку**

⑨ Посмотрите расписание и ответьте на вопросы.

Look at the schedule of lessons and answer the questions.

Понедельник
9:30—11:00 — грамматика
11:20—12:50 — разговор
13:20—15:00 — фонетика
15:10—16:40 — чтение

1. Во сколько начинаются занятия в понедельник?
2. Во сколько начинается и во сколько заканчивается занятие по грамматике?
3. Во сколько начинается и во сколько заканчивается занятие по разговору?
4. Во сколько начинается и во сколько заканчивается занятие по фонетике?
5. Во сколько начинается и во сколько заканчивается занятие по чтению?
6. Сколько времени продолжается перерыв после первого занятия?
7. Сколько времени продолжаются перерывы после второго и после третьего занятия?
8. Во сколько заканчиваются занятия?

⑩ Прочитайте вопросы и ответьте на них.

Read the questions and answer them.

1. Во сколько начинались уроки, когда вы учились в школе?
2. Во сколько заканчивались уроки, когда вы учились в школе?
3. Сколько времени продолжался урок, когда вы учились в школе?
4. Сколько времени продолжались перерывы, когда вы учились в школе?
5. Во сколько начинаются занятия в вашем университете?
6. Во сколько заканчиваются занятия в вашем университете?
7. Сколько времени продолжаются занятия в вашем университете?
8. Сколько времени продолжаются перерывы в вашем университете?

Запомните!

учиться *(где? с кем? у кого?)* — to study, to go to school

изучать / изучить *(что?)* — to study

учить / выучить (наизусть) *(что?)* — to learn (by heart)

учить / научить *(кого? что делать?)* — to teach

учиться / научиться *(что делать?)* — to learn

заниматься / позаниматься *(где? чем? с кем?)* — to study

11 **Прочитайте предложения.**
   Read the sentences.

1. Мы учились в школе и в университете.
2. Я учился с моим другом в одной школе.
3. Здесь я учусь у русских преподавателей.
4. В школе я изучал математику, информатику и иностранный язык.
5. Сейчас я учу новые слова.
6. Вчера я выучил наизусть диалог, текст и стихотворение.
7. В школе мы научились читать и писать.
8. Я учился водить машину в школе и у моего отца.
9. Обычно я занимаюсь в библиотеке, а здесь я занимаюсь дома.
10. Я занимался русским языком с преподавателем из России.
11. Вчера я немного позанимался английским языком с моим другом.

12 **а) Прочитайте текст про себя и подчеркните новые слова.**
   Read the text to yourself and underline the new words.

   Джон учится в университете в Петербурге. Джон учится вместе со студентами из разных стран: из Англии, из Франции, из Японии, из Кореи, из Америки, из Канады. Он учится у русских преподавателей. Они учат студентов правильно читать, писать и говорить по-русски. Студенты изучают русскую грамматику, фонетику, лексику и учатся говорить по-русски. Джон много занимается в классе. Каждый день у него две или три пары. Иногда после занятий он занимается в библиотеке. Дома он делает домашнее задание каждый вечер. Джон учит новые слова каждый день. Сегодня ему надо выучить десять русских слов и выучить наизусть стихотворение. Когда Джон и другие студенты изучат всю грамматику и выучат много русских слов и фраз, они будут хорошо говорить по-русски.

   б) Прочитайте вопросы и ответьте на них.
   Read the questions and answer them.

1. Где вы учитесь сейчас?
2. Что вы изучаете?
3. У кого вы учитесь?
4. Что вас учат делать преподаватели?
5. С кем вы вместе учитесь?
6. Что изучают студенты?
7. Где студенты занимаются?
8. Что вы делаете каждый день?
9. Что вам надо сделать сегодня?
10. Когда вы будете хорошо говорить по-русски?

13 Выберите нужный глагол.
Choose the right verb.

1. Я _____ у хорошего преподавателя.	изучаю учусь
2. Мы с ней _____ в одной группе.	учим учимся
3. Она всегда _____ в библиотеке.	занимается учится
4. Преподаватели _____ нас говорить по-русски.	научат выучат
5. Студенты _____ русский язык в Петербурге.	учатся изучают
6. Вчера я _____ все новые слова.	изучал выучил
7. Завтра мы будем _____ грамматикой.	изучать заниматься

14 Вставьте в текст подходящие по смыслу слова.
Fill in the blanks in the text with the appropriate words.

Мы _____ в университете вместе с другими студентами. Мы _____ у русских преподавателей. Они _____ студентов говорить по-русски. Студенты _____ русскую грамматику и _____ говорить по-русски. Они много _____ в классе и в библиотеке. Студенты _____ новые слова каждый день. Сегодня им надо _____ стихотворение наизусть. Когда студенты _____ все правила грамматики и _____ много русских слов и фраз, они будут хорошо говорить по-русски.

Запомните!

> **перевести — ПовереДИ! — ПереведИТЕ!**
>
> **учиться — УчиСЬ! — УчиТЕСЬ!**

15 **а) Поставьте следующие глаголы в форму повелительного наклонения.**

Put the following verbs into the imperative mood.

учить — _учитесь_____! — _____!
выучить — _____! — _____!
научиться — _____! — _____!
заниматься — _____! — _____!

б) Посоветуйте, что нужно делать, чтобы хорошо говорить по-русски. Используйте модель и следующие слова.

Give advice what one should do to speak good Russian. Use the model and the following words.

Много слов; диалоги и фразы; правильно читать и писать; каждый день; в классе и дома.

Модель: **Чтобы** хорошо **говорить** по-русски, учитесь в русском университете.

1. _____
2. _____
3. _____
4. _____

16 **Скажите:**

Say:

❑ Что вы делаете в России?
❑ Где вы учитесь?
❑ Что вы изучаете?
❑ Что вас учат делать преподаватели?
❑ Что вы уже выучили, а что вы ещё не научились делать хорошо?
❑ Зачем вы изучаете русский язык?
❑ Почему люди должны изучать иностранные языки?
❑ Что надо делать, чтобы хорошо выучить язык?

17 **а) Прочитайте текст.**

Read the text.

Я уже говорил, что моя мама очень любопытная, поэтому она продолжала разговор с Джоном. Она очень хотела знать, почему Джон приехал в Петербург и почему он начал изучать русский язык. Джон сказал: «Я приехал в Петербург, чтобы изучать русский язык. Я начал изучать русский язык ещё в школе, потом продолжил изучать его в университете. Сейчас я учусь здесь, потому что я очень хочу научиться хорошо говорить по-русски. Я уже выучил много слов, но я ещё не могу сказать всё, что хочу». Мама сказала: «Джон, я хочу посоветовать вам: учите не только слова, но и фразы. Выучите фразы, которые вам надо часто повторять: "Будьте добры", "Можно взять?", "Повторите, пожалуйста", "Что это за здание?", "Как сказать по-русски...?" и так далее. Занимайтесь русским языком с моим сыном, но не дома, а на улице: гуляйте, разговаривайте, знакомьтесь с девушками, ходите в театры, в клубы, смотрите телевизор. Всё это поможет вам научиться говорить по-русски». Джон сказал: «Большое спасибо за совет. Я буду так делать».

Моей маме было интересно знать, как Джон живёт здесь один, без родителей, поэтому она спросила его: «Скажите, Джон, вы живёте здесь в общежитии? Что вы делаете каждое утро?» Джон сказал, что каждое утро он делает здесь то же, что и всегда: встаёт, умывается, чистит зубы, принимает душ и одевается. Но мою маму интересовало то, что интересует каждую маму: что и где Джон ест. «А где вы завтракаете, обедаете и ужинаете?» — спросила мама. Джон ответил, что он завтракает и ужинает дома, а обедает или в университете, или в кафе на Невском. «Скажите, Джон, а вы давно ели?» — спросила мама. Джон сказал, что сегодня он только завтракал. Мама обрадовалась и открыла холодильник...

б) Ответьте на вопросы.

Answer the questions.

1. Что интересует маму в жизни Джона?
2. Что рассказал Джон маме о том, как он учится?
3. Что мама посоветовала делать Джону?
4. Почему мама обрадовалась и открыла холодильник?

18 **Расскажите или напишите сочинение о том, как вы проводите время. Вопросы помогут вам.**

Tell or write a composition about your pastime. The questions will help you.

❑ Что вы делаете в Петербурге каждый день утром, днём и вечером и что вы делали вчера?

❑ Где вы обедаете, завтракаете и ужинаете?

❑ Как часто вы ходите в университет, когда начинаются и когда заканчиваются занятия в университете, сколько времени продолжаются занятия и перерывы?

❑ Что вы делаете в университете во время перерывов?

❑ Чему вас учат ваши преподаватели и что вы уже научились делать?

Урок пятый • Unit 5

КУПИТЬ ИЛИ НЕ ПОКУПАТЬ?

To buy or not to buy?

1 **а) Проверьте, знаете ли вы эти слова.**
Check whether you know these words.

есть / поесть *(что?)* — to eat   **пить / попить** *(что?)* — to drink
выпить *(что?)* *(об алкоголе)* — to have a drink

Запомните!

давай давайТЕ	+ infinitive	давай давайТЕ	+ 1st form of the verb in the plural
Давай(те) ПИТЬ кофе. Let's drink some coffee!		**Давай(те) ПОЙДЁМ пить кофе.** Let's go drink some coffee!	

б) Прочитайте предложения.
Read the sentences.

1. Давай **пойдём** пить кофе. — **Пойдём.**
2. Давайте **пойдём** ужинать в ресторан. — **Неплохая идея! Пойдём.**
3. **Давайте** поедим. — **Давайте.**
4. **Давай** поужинаем сегодня дома. — **Хорошая идея! Давай.**
5. **Давайте** пить чай. — **Давайте.**
6. **Давайте** немного выпьем. — **Отличная идея! Давайте.**

в) Отреагируйте на следующие фразы, используя для этого ответы из предыдущего упражнения.
Respond to the following phrases using the answers from the previous exercise.

1. Давай пойдём в кафе пить кофе.
2. Давайте пойдём обедать в «Макдоналдс».
3. Давайте пить чай.
4. Давай купим мороженое.
5. Давайте пойдём в кафе и пообедаем.
6. Пойдём сегодня ужинать в ресторан.

жаль — sorry

к сожалению — unfortunately

К сожалению, я не могу. — Unfortunately I can not.

К сожалению, у меня нет времени. — Unfortunately I have no time.

2 **а) Прочитайте диалоги.**
Read the dialogues.

А

— Пойдём сейчас с нами в кафе?

— К сожалению, \ я не могу пойти с вами. У меня сейчас нет времени.

— Жаль, что ты не пойдёшь.

Б

— Давайте пообедаем вместе?

— Хорошая идея! Но, к сожалению, \ Анна не будет с нами обедать. У неё нет времени.

— Очень жаль, \ что она не будет с нами обедать.

б) Ответьте на предложения по образцам из а).
Give the answers according to the patterns in a).

А
— Давай пойдём вечером в ресторан?

— _____

— _____

Б
— Давайте пить чай?

— _____

— _____

В
— Вы будете сейчас ужинать?

— _____

— _____

③ **Прочитайте диалоги и ответьте на вопросы.**
Read the dialogues and answer the questions.

А

— Серёжа, \ я очень хочу кофе. Давай пойдём в кафе.

— Неплохая идея! Но, к сожалению, сейчас я не могу. У меня сейчас занятия по грамматике.

— Очень жаль, \ что сейчас ты не можешь. Может быть, после занятий, \ в 3 часа?

— Ладно, давай пойдём после занятий.

Почему Серёжа не может пойти в кафе?

Б

— Слушай, Джон, \ пойдём поедим что-нибудь.

— К сожалению, я не могу, \ у меня нет времени.

— Почему?

— У меня сейчас будет лекция по литературе.

— Ну что ж. Очень жаль. Может быть, пойдём в следующий перерыв?

— Ладно, пойдём в следующий перерыв.

Почему Джон не может пойти поесть?

В

— Ребята, давайте пойдём вместе в ресторан.

— Давайте. А когда?

— Давайте пойдём в субботу.

— К сожалению, \ в субботу Анна не может. Она едет в Новгород.

— Очень жаль, \ что в субботу \ она не может. Тогда, может быть, пойдём в воскресенье?

— Ладно, давайте в воскресенье. Анна в воскресенье свободна.

Почему Анна не может пойти в ресторан в субботу?

④ **Составьте диалоги-приглашения, используя новые слова и выражения.**
Make up dialogues with invitations using all the new words and expressions.

5

а) Проверьте, знаете ли вы эти слова.

Check whether you know these words.

покупать / купить *(что? где?)* — to buy
хлеб (чёрный хлеб) — brown bread
булка (белый хлеб) — white bread
булочка — roll
бутерброд — sandwich

сахар — sugar
мороженое — ice-cream
пирожное — cake, pastry
пирог, пирожок (пирожки) — pie
сосиска в тесте — hot dog

б) Ответьте на вопросы.

Answer the questions.

1. Вы покупаете хлеб или булку?
2. Вам нравится чёрный хлеб?
3. Вы покупаете булочки и пирожки?
4. Вы уже покупали российские пирожные?
5. Вы любите пирожки или пирожные?
6. Вы покупали когда-нибудь сосиски в тесте?
7. Вы едите на завтрак бутерброды?
8. Вы едите во время обеда чёрный хлеб?
9. Что вы едите на ужин?

6

Проверьте, знаете ли вы эти слова.

Check whether you know these words.

ОВОЩИ — VEGETABLES

картофель — картошка — potato(es)
морковь — морковка — carrot(s)
помидор — tomato
огурец — cucumber
перец — pepper
капуста — cabbage
лук — onion

ФРУКТЫ, ЯГОДЫ — FRUITES, BERRIES

яблоко — apple
апельсин — orange
вишня — cherry
слива — plum
клубника — strawberry
персик — peach
абрикос — apricot

Запомните!

Картошка, морковка, клубника, вишня, капуста, перец are more often used in the **singular**.

Помидоры, огурцы, грибы, фрукты, яблоки, апельсины, персики, абрикосы are more often used in the **plural**.

7

а) Ответьте на вопросы.
Answer the questions.

- ❑ С чем можно есть картошку?
- ❑ С чем можно есть помидоры?
- ❑ С чем можно есть перец?
- ❑ С чем можно есть морковку?

- ❑ С чем могут быть пироги?
- ❑ С чем могут быть пирожки?
- ❑ С чем могут быть пирожные?
- ❑ С чем может быть мороженое?

б) Напишите названия этих овощей и фруктов.
Write down the names of these vegetables and fruits.

Запомните!

> **с чем?**
>
> чай С сахарОМ и С молокОМ
>
> пирог С капустОЙ, С яблокАМИ
>
> **что? с чем?**

48

Запомните!

> овощи — овощ + *Н* + ОЙ = овощ*Н*ой суп, салат, гарнир
>
> яблоко — ябло*Ч* + *Н* + ЫЙ = ябло*ЧН*ый сок, пирог, торт к → ч
>
> фрукты — фрукт + *ОВ* + ЫЙ = фрукт*ОВ*ый салат, торт
>
> апельсин — апельсин + *ОВ* + ЫЙ = апельсин*ОВ*ый сок

8 **а) Образуйте прилагательные, используя суффиксы.**
Form the adjectives using the suffixes.

-Н-

капуста — _____

клубника — _____

картофель — _____

морковь — _____

томат — _____

шоколад — _____

-ОВ-, -ЕВ- / -ЁВ-

слива — _____

абрикос — _____

вишня — _____

персик — _____

грейпфрут — _____

б) Составьте словосочетания (существительное + прилагательное) по модели.
Make up word-combinations (a noun + an adjective) according to the model.

Модель: фрукты — фруктовый салат, фруктовый торт,
фруктовое пирожное, фруктовое мороженое

9 **а) Прочитайте диалоги.**
Read the dialogues.

В КАФЕ

А

— Привет! Ты будешь обедать? **Хочешь, \ пообедаем вместе?**

— Нет, \ обедать я не буду. Я буду обедать после занятий. Я хочу выпить только чашку чая.

— Ты пьёшь чай с сахаром?

— Нет, \ мне не нравится чай с сахаром. Я пью чай без сахара, \ но с молоком.

— А что ты будешь есть?

— Я хочу взять бутерброд с сыром \ и фруктовый салат. Больше всего \ я люблю фруктовый салат. А что ты любишь больше всего?

— Я тоже люблю фруктовый салат, \ но больше всего \ мне нравятся пироги с яблоками.

Б

— Привет! Я иду в кафе. **Хочешь, \ пойдём вместе**?

— Конечно, пойдём. Ты будешь обедать?

— Нет, \ обедать я сейчас не хочу. Я буду обедать после занятий. А сейчас я хочу выпить кофе. А ты будешь сейчас обедать?

— Нет, \ я тоже буду обедать после занятий.

— Ты тоже будешь пить кофе?

— Нет, я не пью кофе. Я пью только чай \ или сок. Больше всего \ мне нравится апельсиновый сок. А тебе?

— Я тоже больше всего \ люблю апельсиновый сок. А виноградный сок \ тебе нравится?

— Да, \ виноградный сок мне тоже нравится.

б) Дополните диалоги.

Complete the dialogues.

А

— Ты будешь обедать? _____, пообедаем _____?
— Нет, _____ .
— А что ты _____?
— Я хочу _____ .
— Ты любишь _____?
— Нет, _____ нравится _____ . Больше_____
_____ .
А _____ ты любишь _____ всего?
— _____ нравится _____ .
— Я _____ .

Б

— Я иду _____. Хочешь, _____.

— Конечно, _____. _____?

— Нет, обедать _____. Я буду обедать _____.

А сейчас _____.

— Ты _____ кофе?

— Нет, _____. Я _____ или _____.

— А какой _____ тебе _____ всего _____?

— _____. А _____?

— Я тоже _____. А _____

_____ ты _____?

— _____, мне _____ сок.

10 **Расскажите, что вы больше всего любите: какие ваши любимые сок, мороженое, пиво и т. д.**

Say what you like most of all, what your favourite juice, ice-cream, beer etc. are.

11 а) **Проверьте, знаете ли вы эти слова.**

Check whether you know these words.

МЯСНЫЕ ПРОДУКТЫ — MEAT PRODUCTS

мясо — meat
курица — кура — chicken
колбаса — sausage

ветчина — ham
сосиска — sausage, frankfurter
сарделька — small sausage

МОЛОЧНЫЕ ПРОДУКТЫ
— DAIRY PRODUCTS

масло — butter
кефир — kefir (fermented milk)
ряженка — ryazhenka (fermented baked milk)
сметана — sour cream
сыр — cheese
сырок — sweet cream cheese
творог — curds

яйцо — egg
яичница — fried eggs, scrambled eggs
жарить / поджарить (что?) — to fry, to roast
варить / сварить (что?) — to boil, to cook
пробовать / попробовать (что?) — to taste
делать / сделать яичницу

Запомните!

Молоко, мясо, рыба, колбаса, сыр, сметана, ветчина, грудинка, сахар, шоколад, хлеб, булка, масло are more often used in the **singular**.

Сосиски, сардельки are more often used in the **plural**.

б) Скажите:

Say:

❑ Какие мясные продукты вы всегда покупаете в магазине?

❑ Какие мясные продукты вы никогда не покупали?

❑ Какие молочные продукты вы всегда покупаете в магазине?

❑ Какие молочные продукты вы никогда не покупали?

❑ Что можно жарить?

❑ Что можно варить?

❑ Какие продукты вы впервые попробовали в России?

12 Посмотрите на рисунки и напишите рассказ.
Look at the pictures and write a story.

13 а) **Образуйте прилагательные с суффиксами -Н-, -ИН-, -Е(Ё)Н-.**
Form adjectives using the suffixes -Н-, -ИН-, -Е(Ё)Н-.

рыба — _____

мясо — _____

курица (кура) — _____

жарить — _____

варить — _____

Запомните!

К // Ч, Г // Ж
молоко — моло**К** — моло**Ч** + **Н** + **ЫЙ** = моло**ЧН**ый
творог — творо**Г** — творо**Ж** + **Н** + **ЫЙ** = творо**ЖН**ый

б) **Составьте словосочетания (существительное + прилагательное) по модели. Используйте все известные вам названия продуктов.**
Make up word-combinations (a noun + an adjective) according to the model.

Модель: молоко — молочные продукты, молочный коктейль,

молочный йогурт, молочное мороженое,

молочная каша

Запомните!

суп *(с чем?)* **С мясОМ** = **мясной суп**

салат *(из чего?)* **ИЗ овощЕЙ** = **овощной салат**

14 Измените данные словосочетания, используя прилагательные.
Change these word-combinations using the adjectives.

салат из капусты = _____

блюдо из мяса = _____

мороженое из фруктов = _____

пирожное с кремом = _____

бульон из курицы = _____

каша с молоком = _____

пирог с вишней = _____

торт с яблоками = _____

15 Прочитайте вопросы и ответьте на них.
Read the questions and answer them.

1. Какое блюдо вы умеете готовить? Из чего готовят это блюдо?

2. Какие блюда вам нравятся в России?

3. Какие блюда вы в первый раз попробовали в России?

Запомните!

ДАТЬ *(кому? что?)* — to give

дай (ты), дайТЕ (вы) мне, пожалуйста =
дайте, пожалуйста = **мне, пожалуйста** — give me please

будьте добры = *пожалуйста* — please

16 а) Прочитайте предложения. Обратите внимание на интонацию.
Read the sentences. Pay attention to the intonation.

1. Дайте, пожалуйста, кофе с сахарОМ.

2. Мне, пожалуйста, чай без сахарА \ и бутерброд с маслОМ \ и с сырОМ.

3. Будьте добры, \ яблочный сок, \ овощной салат, \ хлеб \ и жаренУЮ картошкУ с кетчупОМ.

4. Мне, пожалуйста, сосискУ в тестЕ, \ чёрный кофе без сахарА \ и банан.

5. Будьте добры, \ котлетУ с рисОМ \ и апельсиновый сок.

6. Дайте, пожалуйста, кофе с сахарОМ \ и пирожок с яблокАМИ.

7. Будьте добры, \ рыбный суп \ и мясо с картошкой.

8. Мне, пожалуйста, фруктовое мороженое \ и молочный коктейль.

9. Дайте, пожалуйста, овощное рагу \ и капустный салат.

б) Слушайте предложения и реагируйте по модели.
Listen to the sentences and respond according to the model.

Модель: — Мне бутерброд с сыром.
— **И** мне **тоже** бутерброд с сыром.

1. Мне котлету с рисом и чай.
2. Дайте мне пирожок и кофе без сахара.
3. Мне апельсиновый сок и рыбу с картошкой.
4. Мне, пожалуйста, жареную картошку.
5. Дайте, пожалуйста, жареную картошку с мясом.
6. Будьте добры, мне овощной салат.
7. Мне, пожалуйста, салат и блины.
8. Будьте добры, мне жареное мясо.
9. Дайте, пожалуйста, жареную рыбу.
10. Я хочу попробовать блины с мясом.
11. Я уже пробовал пельмени со сметаной.

Запомните!

СТОИТЬ — to cost	
один рубль	однА копейкА
два, три, четыре рублЯ	двЕ, три, четыре копейкИ
пять, шесть... десять... рублЕЙ	пять, шесть... десять... копеЕК

17 **а) Прочитайте меню по модели.**
Read the menu according to the model.

Модель: Молоко стоит десять рубл**ей** шестьдесят копе**ек**.
Молоко стоит двадцать два рубл**я** пятьдесят три копейк**и**.

М Е Н Ю

Блюда	Цена
Мясо с гарниром	32 руб. 30 коп.
Оладьи с джемом	24 руб. 68 коп.
Блинчики с мясом	27 руб. 92 коп.
Борщ со сметаной	37 руб. 49 коп.
Щи с мясом	34 руб. 70 коп.
Сосиски с гарниром	23 руб. 50 коп.
Котлеты с рисом	40 руб. 74 коп.
Бифштекс с картошкой	69 руб. 60 коп.
Кофе чёрный	20 руб. 00 коп.
Кофе с молоком	22 руб. 30 коп.
Чай с лимоном и с сахаром	14 руб. 53 коп.

б) Что вы скажете в магазине, если вы хотите что-нибудь купить? Используйте меню.

What will you say in a shop if you want to buy something? Use the menu.

Запомните!

> **Сколько стоит кофе?** — How much does the coffee cost?
>
> **Сколько с меня?** — What will you tax me?

18 **а) Прочитайте диалоги.**
Read the dialogues.

В КАФЕ

А

— Я вас слушаю.

— Будьте добры, \ кофе с сахаром \ и с молоком.

— А что ещё?

— Салат.

— Какой? Мясной \ или овощной?

— Овощной, пожалуйста.

— Всё?

— Да, \ всё. Сколько с меня?

— С вас \ тридцать пять рублей \ семьдесят копеек.

— Пожалуйста, \ вот пятьдесят.

— Возьмите сдачу \ — четырнадцать тридцать.

Б

— Я вас слушаю.

— Мне, пожалуйста, чёрный кофе без сахара \ и сосиску в тесте.

— Что-нибудь ещё?

— Нет, \ спасибо, \ больше ничего. Сколько с меня?

— Семнадцать рублей \ восемьдесят три копейки.

— Вот двадцать.

— Возьмите сдачу \ — два двадцать.

б) Дополните диалоги.

Complete the dialogues.

А

— Я вас слушаю.

— _____ .

— Что-нибудь ещё?

— Да, _____ . Сколько с меня?

— С вас семьдесят пять рублей.

— _____ .

— Возьмите сдачу.

Б

— Что вам дать?

— _____ .

— Ещё что? Всё?

— Нет, не всё. _____ .

— Теперь всё?

— Да, теперь всё. _____ ?

— С вас _____ .

в) Составьте диалоги, используя меню, данное в упражнении № 17.

Make up dialogues using the menu from the exercise № 17.

Запомните!

> ***кто? ДОЛЖЕН что делать? что сделать?***
>
> must, ought, have to
>
> ***кто? ХОТЕЛ(А)(И) БЫ что делать? что сделать?***
>
> would like
>
> ***кому? НАДО, НУЖНО что делать? что сделать?***
>
> have to, should, need

19 **а) Проверьте, знаете ли вы эти слова.**

Check whether you know these words.

приходить / прийти *(к кому? куда?)* — to come to
готовить / приготовить *(что? для кого?)* — to cook
менять / поменять *(что? где?)* — to change
помогать / помочь *(кому? что делать? что сделать?)* — to help

б) Прочитайте предложения.
Read the sentences.

1. Она должна приготовить завтрак для мужа.
2. Я хотел бы поменять деньги.
3. Ему надо обедать вовремя.
4. Она хотела бы научиться готовить.
5. Мне надо поменять деньги.
6. Нам нужно пойти в банк.
7. Мы должны помогать друзьям.
8. Я хотела бы помочь тебе приготовить обед.
9. Ко мне должны прийти гости.

**в) Составьте предложения со словами
ДОЛЖЕН, ХОТЕЛ БЫ, НУЖНО или НАДО.**
Make up sentences with the words ДОЛЖЕН, ХОТЕЛ БЫ, НУЖНО or НАДО.

приходить / прийти *(куда? к кому?)*

_____

готовить / приготовить *(что? для кого?)*

_____

покупать / купить *(что? для кого?)*

_____

помогать / помочь *(кому? что делать? что сделать?)*

_____

20 а) Проверьте, знаете ли вы эти слова.
Check whether you know these words.

вкусный, вкусно — delicious
ребята — guys
много дел — many things to do
обязательно — without fail

во-первых — firstly
во-вторых — secondly

б) Прочитайте письмо.
Read the letter.

Леночка!

Вечером ко мне придут гости, поэтому у меня много дел. Во-первых, я должна пойти в банк и поменять деньги, во-вторых, мне нужно пойти в магазин и купить продукты для гостей. Я хотела бы купить много мяса, немного сыра и колбасы, несколько апельсинов, немного бананов и яблок. Для салата мне надо купить овощей: помидоров и огурцов. Ещё я должна купить большой торт. Я хотела бы приготовить что-нибудь вкусное, что всем понравится: овощной салат, жареное мясо, бутерброды с колбасой и с сыром и фруктовый салат. Ты должна прийти ко мне обязательно, потому что, во-первых, ты должна помочь мне готовить, потому что ты очень хорошо готовишь. Во-вторых, я хотела бы познакомить тебя с моими друзьями. Это очень интересные, весёлые, умные и симпатичные ребята. Приходи обязательно. Скучно не будет.

Алиса

в) Ответьте на следующий вопрос, продолжив фразу.
Answer the next question by continuing the phrase.

О чём Алиса написала в письме?

Алиса написала в письме о том, что _____
_____
_____

21 Прослушайте письмо и дополните текст.
Listen to the letter and complete the text.

Вечером ко мне _____ гости, поэтому мне _____ пойти в магазин и _____ продукты _____ гостей. Я _____ купить много _____, немного _____, несколько _____, немного _____. Я _____ _____ что-нибудь вкусное. _____ ко мне и _____ мне _____ ужин, потому что ты очень хорошо _____. Ко _____ мои друзья, и я _____ тебя с ними.

22 Посмотрите на рисунки и напишите рассказ.
Look at the pictures and write a story.

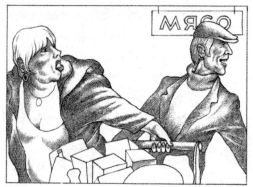

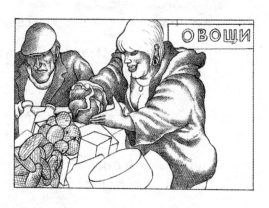

23 **Расскажите, что вы будете делать, если:**

Tell what you will do if:

1. У вас будет вечеринка, и к вам придут гости. Что вы хотели бы приготовить и что надо купить для этого?

2. У вас ничего нет в холодильнике. Что вы должны купить на неделю? Решите вместе, кто пойдёт в магазин, что будет покупать и для чего.

24 **а) Прочитайте текст.**

Read the text.

Мама открыла холодильник и взяла оттуда продукты. Она очень любит, когда к ней приходят гости. По-моему, она хотела бы, чтобы гости приходили каждый день, потому что она очень любит готовить для гостей. Она спросила Джона: «Джон, что бы вы хотели поесть?» Джон сказал, что он любит всё, но очень хотел бы попробовать русские блюда. Мама обрадовалась и начала готовить и рассказывать, что обычно едят русские: «На первое мы едим супы. Самое любимое первое блюдо — щи. Это традиционный русский суп с капустой, с овощами и с мясом. Щи обязательно едят со сметаной. Ещё традиционная еда русских — это разные каши. Раньше, если человек не мог быстро сделать свою работу, говорили: "Мало каши ел!" Кроме этого, русские часто готовят оладьи, блины и пироги. Оладьи и блины едят со сметаной, с вареньем, с икрой, с рыбой, с мясом и с творогом. Пироги могут быть с мясом, с рыбой, с грибами, с яблоками и с капустой. Обычно пироги пекут к чаю, потому что русские любят пить чай с пирогами. Кстати, вы знаете, как появился в России чай?» Джон сказал, что он не знает этого. Мама продолжала рассказывать: «Чай появился в России в семнадцатом веке. Монгольский хан подарил русскому царю Михаилу Фёдоровичу 4 мешка чая. Чай понравился царю. С тех пор в России полюбили чай. Раньше чай пили долго и много, несколько чашек. Особенно много чая пили в субботу, когда приходили из бани. И сейчас мы пьём чай и утром, и днём, и вечером». — «Интересно, а когда в России появился кофе?» — спросил Джон. Мама рассказала, что кофе появился в России во времена Петра Первого. Пётр привёз кофе из Голландии. Ему нравился обычай пить кофе каждое утро. Он хотел, чтобы русские люди тоже начинали свой день с кофе, как в Европе. Сначала кофе и чай в России не любили. А теперь русские очень любят и чай, и кофе. Пьют его много и с удовольствием и любят приглашать гостей на чай или на кофе. Потом мама закончила готовить и пригласила нас за стол.

б) Разбейте текст на 4 абзаца и скажите, о чём говорится в каждом из них.

Divide the text into 4 paragraphs and say what about is each of them.

в) Что нового вы узнали о русских, когда прочитали текст?

What new have you learnt about the Russians having read the text?

**г) Как вы думаете, почему русские говорят: «Щи и каша — пища наша»?
Какие пословицы о еде есть в вашей стране?**

Why do you think the Russians say: *"Schi and kasha are our food"*?

25 **Ответьте на вопросы.**

Answer the questions.

❑ Что вы покупаете в магазинах каждый день?
❑ Какие фрукты и овощи вы предпочитаете покупать?
❑ Что вы готовите здесь, в России?
❑ Из каких продуктов вы готовите еду?
❑ Какие традиционные блюда есть в вашей стране?
❑ Когда готовят такие традиционные блюда?
❑ Умеете ли вы готовить их?
❑ Какие продукты нужны для приготовления традиционного блюда?
Дайте рецепт такого блюда.

Урок шестой • Unit 6

ГОРОД, ТРАНСПОРТ, ПЕШЕХОД

City, transport, pedestrian

1 **а) Проверьте, знаете ли вы эти слова.**
Check whether you know these words.

идти — ходить (*куда?* — В, НА; *откуда?* — ИЗ, С) — to go to, to go from
ходить пешком — to go on foot, to walk
ехать — ездить (*куда?* — В, НА; *откуда?* — ИЗ, С; *на чём?*) — to go, to drive
удобно — comfortably

Запомните!

НА чём? ЕХАТЬ — ЕЗДИТЬ (*prepositional case*)

НА автобусЕ, НА трамваЕ, НА троллейбусЕ, НА маршруткЕ (shuttle bus taxi)

б) Прочитайте предложения.
Read the sentences.

1. Я люблю ходить пешком.
2. В университет я обычно хожу пешком.
3. Из университета я сегодня шёл пешком.
4. Обычно я езжу в общежитие на метро и на автобусе.
5. Сегодня я ехала в общежитие на маршрутке*.
6. Обычно мы ездим из университета в центр на троллейбусе.

7. Вчера мы ехали из университета домой на троллейбусе.
8. Ездить на маршрутке очень удобно.

---

* Маршрутка = маршрутное такси, небольшой частный городской автобус с остановками по требованию.

в) Прочитайте диалоги и ответьте на вопросы.
Read to the dialogues and answer the questions.

А

— Я новый студент. Я не знаю, \ на чём ехать в университет. А вы знаете?

— Да, \ я знаю. Я живу здесь уже три недели. В университет \ я обычно езжу на автобусе.

— На каком автобусе \ вы ездите в университет?

— На университетском автобусе. Это очень удобно.

— А на чём вы ездите из университета?

— Из университета \ я обычно езжу на троллейбусе, \ а потом на метро.

На чём удобно ездить в университет?

Б

— Привет, Джон. Сегодня \ я не видел тебя в автобусе. На чём ты ехал в университет?

— Сегодня \ я ехал не на университетском автобусе. Я опоздал на него. Поэтому я ехал на маршрутке.

— А на чём ты поедешь домой?

— Тоже на маршрутке. Это очень удобно.

На чём удобно ездить из университета?

2 **Читайте вопросы и отвечайте на них.**
Read the questions and answer them.

1. Вы ездите домой на троллейбусе?

2. Вы ехали вчера из университета на маршрутке?

3. Вы часто ходите из университета домой пешком?

4. Вы часто ездите в общежитие на маршрутке?

5. На чём вы обычно ездите из университета домой?

6. На чём вы ехали домой из университета вчера?

7. На чём вы обычно ездите из университета в центр?

8. На чём вы ехали домой вчера?

9. На чём вам ездить удобно?

3

а) Проверьте, знаете ли вы эти слова.

Check whether you know these words.

гулять / погулять *(где? (по чему?) с кем?)* — to walk
идти / пойти гулять *(куда? с кем? где?)* — to go for a walk
занятие — class, lesson
сначала — first
потом — then
после этого — afterwards

б) Прочитайте предложения с новыми глаголами.

Read the sentences with the new verbs.

1. После завтрака он пошёл гулять в парк с собакой.
2. Сначала она позавтракала, а потом пошла гулять с подругой.
3. Сначала они погуляли, а потом поехали домой.
4. После занятий студенты поехали в центр.
5. В центре они погуляли по Невскому проспекту, пообедали, а потом поехали домой.

в) Прочитайте диалоги и ответьте на вопросы.

Read to the dialogues and answer the questions.

А

— Что ты будешь делать после занятий?

— Я ещё не знаю. Сначала \ пойду обедать куда-нибудь. А ты?

— Я тоже хочу пообедать где-нибудь. А потом что ты будешь делать?

— Потом пойду гулять. Хочешь, \ пойдём вместе?

— Отлично! Пойдём.

Что они будут делать после занятий?

Б

— Завтра воскресенье. Что ты будешь делать?

— Я ещё не знаю. Сначала \ я поеду в центр. А ты?

— Я тоже хочу поехать в центр. А потом что ты будешь делать?

— Потом, \ может быть, пойду в музей. Хочешь, \ поедем вместе?

— Отлично! Поедем.

Что они будут делать в воскресенье?

65

г) Составьте аналогичные диалоги. Расспросите друг друга, кто что будет делать в субботу, завтра вечером, после занятий.

Make up similar dialogues. Ask each other what you will do on Saturday, tomorrow in the evening, after the lessons.

Запомните!

1 — один — ПЕРВЫЙ	6 — шесть — ШЕСТОЙ
2 — два — ВТОРОЙ	7 — семь — СЕДЬМОЙ
3 — три — ТРЕТИЙ	8 — восемь — ВОСЬМОЙ
4 — четыре — ЧЕТВЁРТЫЙ	9 — девять — ДЕВЯТЫЙ
5 — пять — ПЯТЫЙ	10 — десять — ДЕСЯТЫЙ

4 Продолжите список.

Continue the list.

11 — одиннадцать — _____

12 — двенадцать — _____

13 — тринадцать — _____

14 — четырнадцать — _____

15 — пятнадцать — _____

16 — шестнадцать — _____

17 — семнадцать — _____

18 — восемнадцать — _____

19 — девятнадцать — _____

20 — двадцать — _____

30 — тридцать — _____

40 — сорок — _____

50 — пятьдесят — _____

60 — шестьдесят — _____

70 — семьдесят — _____

80 — восемьдесят — _____

90 — девяносто — _____

100 — сто — _____

Запомните!

На какОМ автобусЕ (трамваЕ, троллейбусЕ) ехать — ездить?

на первОМ автобусЕ, на вторОМ троллейбусЕ, на сороковОМ трамваЕ

На какОЙ маршруткЕ ехать — ездить?

на первОЙ, на вторОЙ, на сороковОЙ

5 **Поставьте данные порядковые числительные в форму предложного падежа по модели.**

Put the following ordinal numerals into the prepositional case according to the model.

Модель: первый — на первОМ автобусе
первая — на первОЙ маршрутке

28, 46, 129, 22, 31, 35, 78, 19, 57, 44, 89, 50, 98, 141, 40, 116, 97, 124, 3, 12, 338, 4, 20, 419.

6 **Читайте вопросы и отвечайте на них, используя порядковые числительные.**

Read the questions and answer them using the ordinal numerals.

1. На каком автобусе или на какой маршрутке вы ездите домой?
2. На каком троллейбусе вы поедете в интернет-кафе?
3. На какой маршрутке или на каком автобусе можно поехать в центр?
4. На какой маршрутке можно поехать в Центральный парк?
5. На каком троллейбусе можно поехать в кинотеатр «Колизей»?

7 **а) Прослушайте текст и выберите правильный вариант.**
Listen to the text and choose the correct statement.

Сегодня после занятий я сначала пошёл в наше кафе и пообедал. После обеда я поехал в центр. Обычно я езжу в центр на пятом или на седьмом троллейбусе. Сегодня я поехал в центр на пятнадцатой маршрутке.

В центре я сначала пошёл в магазин и купил карту города. После этого я пошёл гулять. Я ходил по улицам и смотрел на людей. Я заходил в магазины и смотрел, что там можно купить. Я долго гулял, и поэтому мне надо было поесть. Я пошёл в кафе «Идеальная чашка». Оно находится недалеко от метро. Там я выпил кофе и съел пирожное. Я очень устал, поэтому после кафе я поехал домой. Я ехал домой на метро.

1. (А) После занятий я поехал домой.
   (Б) После занятий я пошёл в кафе.
   (В) После занятий я ездил в центр.

2. (А) Обычно я езжу в центр на 5 троллейбусе.
   (Б) Обычно я езжу в центр на 7 автобусе.
   (В) Обычно я езжу в центр на 15 маршрутке.

3. (А) Сегодня я поехал в центр на 15 маршрутке.
   (Б) Сегодня я поехал в центр на 42 автобусе.
   (В) Сегодня я поехал в центр на 12 автобусе.

4. (А) Сначала я пошёл в магазин.
   (Б) Сначала я пошёл по улице.
   (В) Сначала я пошёл в кафе.

5. (А) После этого я пошёл гулять.
   (Б) После этого я пошёл в кафе.
   (В) После этого я пошёл в магазин.

6. (А) Я ехал домой на метро.
   (Б) Я ехал домой на такси.
   (В) Я ехал домой на троллейбусе.

б) Прослушайте текст ещё раз и восстановите его.
   Listen to the text once again and complete it.

Сегодня _____ занятий я _____ в _____ и пообедал. После _____ я _____. Обычно я _____ в _____ или _____. Сегодня я _____ в центр на _____ маршрутке.

В центре я _____ и _____. После _____ я _____ гулять. Я _____ по улицам и смотрел _____. Я _____ в _____ и _____, что там можно купить. Я долго _____, и поэтому мне надо было поесть. Я _____ в кафе. Оно находится _____ от метро. Там я _____ и _____. Я очень устал, поэтому _____ кафе я _____ домой. Я _____ домой _____.

в) Расскажите, что вы делали вчера после занятий в университете.
   Say what you were doing yesterday after the lessons at the university.

8 **а) Прочитайте предложения.**
   Read the sentences.

1. До Центральн**ого** парк**а** культуры и отдыха **можно добраться** на сорок четвёртом автобусе.

2. До Университетск**ой** набережн**ой можно доехать** на десятом троллейбусе.

3. До площад**и** Восстани**я можно доехать** на двадцать втором автобусе или на седьмом троллейбусе.

4. До проспект**а** Культур**ы можно добраться** на метро.

5. До Театр**а** комеди**и можно доехать** на маршрутке.

6. До студенческ**ого** общежити**я можно добраться** на метро или на сто двадцать девятой маршрутке.

7. До Петергоф**а можно добраться** на электричке, на автобусе или на «метеоре»*.

—————————
   * «Метеор» — теплоход (корабль) на подводных крыльях.

Запомните!

КАК ДОБРАТЬСЯ ДО...

КАК ДОЕХАТЬ ДО... *(чего?)*

How can I get to...

ДО РусскОГО музеЯ, ДО НевскОГО проспектА *(masculine)*

ДО МихайловскОЙ улицЫ, ДО ДворцовОЙ площадИ *(feminine)*

б) Прочитайте вопросы и ответьте на них, используя числительные, данные в скобках.

Read the questions and answer them using the numerals given in the brackets.

1. Как добраться до Сосновского парка? (23-й автобус)
2. Как доехать до Педагогического университета? (10-й троллейбус)
3. Как доехать до площади Восстания? (28-я маршрутка)
4. Как добраться до проспекта Науки? (68-я маршрутка)
5. Как доехать до драматического театра? (147-й автобус)
6. Как добраться до станции метро «Горьковская»? (46-й автобус)
7. Как доехать до гостиницы «Прибалтийская»? (129-я маршрутка)
8. Как добраться до Павловска? (467-й автобус)

в) Посмотрите на фотографии петербургских достопримечательностей и задайте вопросы по образцу задания б).

Look at the photos of the St. Petersburg's sights and ask questions using the model from the exercise б).

Адмиралтейство

Русский музей

Казанский собор

Эрмитаж

Петропавловская крепость

Михайловский замок

Храм Спаса на Крови

⑨ Прочитайте названия музеев, улиц, проспектов и станций метро. Обратите внимание на способы образования этих названий.

Read the names of the museums, streets, avenues and metro stations. Pay attention to the way of the place-name formation.

МУЗЕИ

Музей истории артиллерии, Музей-квартира Ф.М. Достоевского, Музей-квартира Анны Ахматовой, Музей блокады Ленинграда, Музей истории религии, Музей политической истории России, Музей А.В. Суворова, Музей истории театра.

Военно-морской музей, Русский музей.

УЛИЦЫ

Большая Морская улица, Пушкинская улица, Гаванская улица, Шпалерная улица, Таврическая улица, Потёмкинская улица, Фурштатская улица, Тверская улица.

Улица Рубинштейна, улица Марата, улица Кораблестроителей, улица Маяковского, улица Восстания.

ПРОСПЕКТЫ

Невский проспект, Литейный проспект, Суворовский проспект, Ленинский проспект, Большой проспект, Средний проспект, Малый проспект.

Проспект Культуры, проспект Науки, проспект Просвещения, проспект Ветеранов, проспект Маршала Жукова.

СТАНЦИИ МЕТРО

«Приморская», «Василеостровская», «Петроградская», «Маяковская», «Горьковская», «Пушкинская», «Достоевская», «Владимирская».

«Озерки», «Гражданский проспект», «Невский проспект», «Гостиный Двор».

10 **а) Прочитайте диалоги.**

Read the dialogues.

А

— Извините, \ вы не знаете, \ как добраться до Юсуповского дворца?

— До Юсуповского дворца \ вы можете доехать на маршрутке \ или дойти пешком.

— А это далеко?

— На маршрутке \ ехать минут десять, \ а пешком \ идти примерно полчаса.

— А на какой маршрутке можно доехать?

— На сто шестьдесят девятой.

Б

— Простите, \ вы не знаете, \ как доехать до Никольского собора?

— До Никольского собора \ вам надо ехать на трамвае.

— А это далеко?

— Да, \ довольно далеко.

— А на маршрутке можно доехать?

— Да, \ и на маршрутке доедете.

— А на какой маршрутке?

— На сто двадцать четвёртой.

б) Составьте аналогичные диалоги.

Make up similar dialogues.

Запомните!

ОСТАНАВЛИВАТЬСЯ / ОСТАНОВИТЬСЯ *(где? у чего?)* to stop
Остановитесь! Stop!

11 **а) Прочитайте и выучите фразы, которые можно использовать в маршрутке.**

Read and learn the phrases that we use in a shuttle bus taxi.

МАРШРУТКА

1. Остановитесь на Литейном проспекте.
2. Остановитесь, пожалуйста, на углу Литейного.
3. Будьте добры, \ остановитесь на Большой Морской.
4. Пожалуйста, \ на остановке.
5. Будьте добры, \ у метро.

6. Передайте, пожалуйста.

7. За (перед) светофором, пожалуйста.

Запомните!

> **ВЫХОДИТЬ** *(где? на какой остановке?)* — to get out

АВТОБУС ИЛИ ТРОЛЛЕЙБУС

1. Вы будете выходить на следующей?

2. На следующей выходите?

3. Вы выходите на следующей?

4. Я доеду до университета \ на этом автобусе?

5. Двадцать второй автобус \ идёт в центр?

6. Этот автобус дойдёт до университета?

б) Что вы скажете в следующих ситуациях?
What will you say in the following situations?

1. Вы едете в маршрутке, видите универсам и хотите выйти.

2. Вы сели в маршрутку и хотите заплатить.

3. Вы стоите на остановке автобуса. Вам нужно доехать до ближайшей станции метро. Вы хотите узнать номер автобуса, который туда идёт.

4. Вы едете в метро, где очень много народа, а вам нужно выйти.

5. Вы едете в маршрутке и хотите доехать только до метро.

6. Вам надо ехать в гостиницу. Вы сели в автобус, но не знаете, идёт ли он туда.

12 а) Прочитайте и выучите фразы, которые надо говорить таксисту или водителю частной машины.
Read the phrases that you should use when you go by a taxi or stop a private car asking for a lift.

ТАКСИ

1. Будьте добры, \ до Невского.

2. Будьте добры, \ до университета.

3. Будьте добры, \ до метро.

4. Будьте добры, \ до Гостиного Двора.

5. Сколько с меня?

> **ВЕЗТИ** (to take, to drive) / **ДОВЕЗТИ** (*до чего?*) (to take there)

ЧАСТНЫЙ АВТОМОБИЛЬ

1. До Невского довезёте?

2. До общежития довезёте?

3. До метро довезёте?

4. До университета довезёте?

5. За 100 рублей \ до Невского \ довезёте?

б) Что вы скажете шофёру такси или водителю частного автомобиля, если вам надо:

What will you say to the taxi driver or to the private car driver if you need to get to:

в гостиницу «Москва», в Театр комедии, в клуб «Метро», в ресторан «Идиот», в Мариинский театр, на улицу Кораблестроителей, в Смольный, на Дворцовую площадь, на Пушкинскую улицу, на станцию метро «Петроградская».

13 **а) Прочитайте и выучите новые слова и словосочетания.**
Read and learn the new words and word-combinations.

садиться / сесть (на (в) автобус, на (в) трамвай, на (в) метро) — to take (bus, tram, subway)
пересадка — change
делать / сделать пересадку — to change
пересаживаться / пересесть (*с чего? на что?*) — to change
переходить / перейти (*с чего? на что?*) — to change over

> **ПЕРЕСАЖИВАТЬСЯ / ПЕРЕСЕСТЬ =**
> **ДЕЛАТЬ / СДЕЛАТЬ ПЕРЕСАДКУ**
> **ПЕРЕХОДИТЬ / ПЕРЕЙТИ НА...**

б) Прочитайте предложения с новыми словами.
Read the sentences with the new words.

1. Чтобы доехать до Эрмитажа, \ вам надо пересесть \ на другой автобус.

2. Чтобы доехать до университета, \ мне надо пересаживаться с автобуса \ на метро.

3. Чтобы доехать до Эрмитажа, \ вам надо сделать пересадку.

4. Чтобы доехать до Невского проспекта, вам надо перейти \ на другую линию.

5. Чтобы доехать до «Автово», \ вам надо сделать пересадку \ на станции «Технологический институт».

6. Чтобы доехать до «Лесной», \ вам надо пересесть \ на станции «Маяковская».

7. Чтобы доехать до «Владимирской», \ не надо переходить на другую линию.

14 а) **Рассмотрите схему Петербургского метрополитена и ответьте на вопросы.**

Look at the map of the St. Petersburg's underground and answer the questions.

1. Какие линии есть в Петербургском метрополитене?
2. На каких станциях можно сделать пересадку?

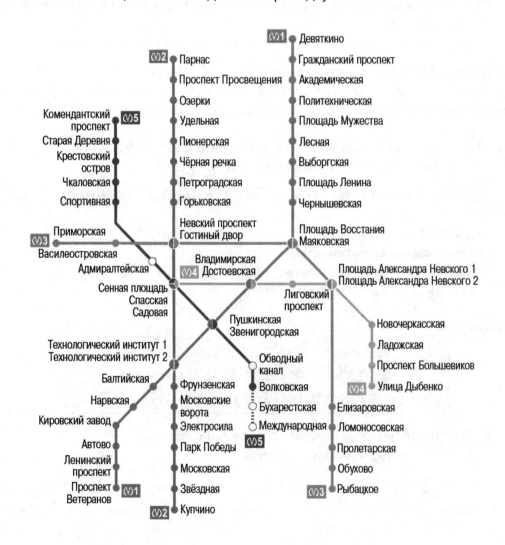

б) Скажите, что вам надо сделать, чтобы доехать от «Приморской»:
Say what you should do to get from "Primorskaya":

До «Балтийской», до «Парка Победы», до «Ладожской», до « Академической», до «Чёрной речки», до «Пушкинской».

15 а) Прочитайте диалоги.
Read the dialogues.

А

— Слушай, \ ты не знаешь,\ как доехать \ до станции «Гражданский проспект»?

— До «Гражданского»? По-моему, \ надо доехать до «Маяковской» \ и перейти на первую линию.

— Спасибо.

— Не за что.

Б

— Простите, \ скажите, пожалуйста, \ как доехать до «Елизаровской»?

— До «Елизаровской»? По-моему, \ вам надо сделать пересадку.

— А где мне надо пересесть?

— Надо доехать до станции «Площадь Восстания» \ и перейти на третью линию.

— А сколько остановок \ ехать до «Елизаровской»?

— Остановки две-три.

— Спасибо.

— Не за что.

б) Дополните диалоги.
Complete the dialogues.

А

— Извините, _____ , как _____
_____(Казанский собор)?

— На метро.

— А до _____ станции _____?

— До станции «Невский проспект».

— А сколько остановок _____?

— _____.

Б

— Скажите, _____
(Центральный парк культуры и отдыха)?

— На метро.

— А _____?

— До станции «Крестовский остров».

— А _____?

— _____.

16 **Посмотрите на рисунки и напишите рассказ.**
Look at the pictures and write a story.

17 **Обратитесь:**
Address to:

— К человеку на улице, если вы хотите узнать, где находится:

а) Михайловский замок; в) Публичная библиотека;

б) Юсуповский дворец; г) Гатчина.

— К шофёру маршрутки, если вы едете по Невскому проспекту и хотите пойти:

а) в кинотеатр «Колизей»; в) на станцию метро «Гостиный Двор»;

б) в Театр комедии; г) в кассы «Аэрофлота».

— К шофёру такси, если вам нужно ехать:

а) домой в общежитие;   в) в Мариинский театр;
б) в аэропорт;   г) на Московский вокзал.

— К пассажиру в автобусе, если вы не знаете, где вам нужно выйти, чтобы попасть в:

а) Эрмитаж;   в) Молодёжный театр;
б) Русский музей;   г) Казанский собор.

18 а) Прослушайте диалог и выберите правильное утверждение.
Listen to the dialogue and choose the correct statement.

— Здравствуйте. Позовите, пожалуйста, Лену.
— Подождите минутку.

— Алло!
— Лена, это ты?
— Да. Я слушаю.
— Леночка, это Андрей. Привет!
— Привет, Андрюша. Как дела?
— Всё в порядке. Я звоню, чтобы пригласить тебя в театр.
— В театр? Когда?
— Сегодня. У меня есть два билета на балет.
— Отлично! А когда и где мы встретимся?
— Давай встретимся у театра.
— А как туда доехать?
— Тебе надо сесть на автобус и доехать до Невского проспекта.
— Театр находится на Невском?
— Нет. На Невском тебе надо пересесть на маршрутку.
— На какую?
— На сто шестьдесят девятую. Она идёт до театра. Я буду ждать тебя в половине седьмого у входа.
— Хорошо. Я всё поняла. До встречи.
— Пока!

1. (А) Андрей встречает Лену на улице.
   (Б) Андрей звонит Лене по телефону.
   (В) Лена звонит Андрею по телефону.

2. (А) Лена приглашает Андрея в театр.
   (Б) Андрей приглашает Лену в кино.
   (В) Андрей приглашает Лену в театр.

3. (А) До театра надо ехать на метро и на маршрутке.
   (Б) До театра надо ехать на автобусе и на маршрутке.
   (В) До театра надо ехать на маршрутке.

4. (А) Андрей и Лена встретятся в театре.
   (Б) Андрей и Лена встретятся у метро.
   (В) Андрей и Лена встретятся на улице.

б) Прослушайте диалог ещё раз и восстановите его.
   Listen to the dialogue once again and complete it.

— Здравствуйте. _____, пожалуйста, _____.
— Подождите _____.

— Алло!
— Лена, это ты?
— Да. Я _____.
— Леночка, это _____. Привет!
— Привет, _____. Как дела?
— Всё в _____. Я звоню, чтобы _____.
— _____?
— Сегодня. У меня есть _____.
— Отлично! А _____ и _____ мы _____?
— Давай _____ у театра.
— А как туда _____?
— Тебе надо _____ на автобус и _____ до Невского проспекта.
— Театр _____ на Невском?
— Нет. На _____ тебе надо _____ на маршрутку.
— _____?
— На _____. Она идёт _____. Я буду ждать тебя _____.
— Хорошо. Я всё поняла. До встречи.
— Пока!

в) Проверьте, правильно ли вы восстановили диалог.
   Check whether you have completed the dialogue correctly.

19 **Посмотрите на рисунки и составьте диалоги.**
Look at the pictures and make up dialogues.

20 **Составьте диалоги, используя следующие ситуации.**
Make up dialogues using the following situations.

1. Вы приглашаете своего друга пойти в клуб Fish fabrique.

2. Вы приглашаете свою знакомую девушку поехать в Пушкин.

3. Вы приглашаете свою подругу пойти на выставку в Центр современного искусства.

4. Вы приглашаете своих друзей поехать на экскурсию по рекам и каналам Петербурга.

5. Вы приглашаете своего знакомого пойти вместе с вами в гости к вашим друзьям.

21 **а) Проверьте, знаете ли вы слова, которые встретите в тексте.**
Check whether you know the words which you will meet in the text.

советовать / посоветовать *(что? кому?)* — to advise

выставка — exhibition

восковые фигуры — wax figures

известно — It is known

обязательно — surely, without fail

В субботу ко мне пришёл Джон и сказал, что в воскресенье он хочет куда-нибудь пойти и что-нибудь посмотреть. Мама была здесь и, конечно, начала советовать, куда лучше поехать. «Хорошо известно, — сказала мама, — что Петербург — это город-музей. Здесь есть музеи и в городе, и за городом. Пригороды Петербурга — Пушкин, Павловск, Петергоф, Гатчина и Ораниенбаум — самые популярные места отдыха. Там можно посмотреть дворцы и архитектурные ансамбли и погулять в прекрасных парках». Я сказал, что лучше всего поехать в Петергоф. Мама согласилась. «Отлично, — сказал Джон, — поедем в Петергоф. А как туда доехать?» Мама сказала, что до Петергофа можно добраться на автобусе, на электричке или на «метеоре». «А как ехать на электричке?» — спросил Джон. Она ответила: «Чтобы поехать на электричке, надо сначала доехать до станции метро "Балтийская"». — «А потом?» — спросил Джон. Мама сказала, что на электричке надо доехать до станции «Новый Петергоф», а от станции до парка можно доехать на автобусе или дойти пешком. «А на "метеоре"?» — спросил Джон. «"Метеоры" останавливаются около Эрмитажа, на Дворцовой набережной». — «А сколько времени добираться на "метеоре"?» — снова спросил Джон. «На "метеоре" от Эрмитажа до Петергофа можно добраться за 25 минут», — ответила мама. «А что можно увидеть в Петергофе?» — спросил Джон. Мама улыбнулась и сказала: «Там очень много интересного, а главное, там очень красиво. В Петергофе вы увидите прекрасный парк и грандиозные фонтаны. Обязательно пойдите в Большой дворец, во дворец Монплезир и во дворец Марли. В оранжерее можно посмотреть выставку восковых фигур». — «Прекрасно, — сказал Джон, — поедем на "метеоре", потому что это интереснее. Давайте поедем после обеда». Мама сказала, что после обеда ехать уже поздно. «В Петергоф нужно ехать рано утром, — сказала она, — потому что момент начала работы фонтанов — очень красивое зрелище. Но, к сожалению, я завтра буду занята. Поезжайте в Петергоф без меня, вы вдвоём очень хорошо отдохнёте!»

в) **Восстановите вопросы по ответам.**
Make up questions using the answers.

— _____

— В Петергоф нужно ехать рано утром.

— _____

— До Петергофа можно доехать на автобусе, на электричке или на «метеоре».

— _____

— Чтобы поехать на электричке, надо доехать до станции метро «Балтийская».

— _____

— На электричке надо доехать до станции «Новый Петергоф».

— _____

— От станции до парка можно доехать на автобусе.

— _____

— Да, до парка можно дойти пешком.

— _____

— «Метеоры» останавливаются на Дворцовой набережной.

— _____

— На «метеоре» от Эрмитажа до Петергофа можно добраться за 25 минут.

22 Скажите:
Say:

❑ Каким транспортом вы пользуетесь дома?

❑ На чём вы ездите по городу, в университет, на работу?

❑ Каким видом транспорта вы советуете пользоваться туристу в вашем городе?

❑ Какие места отдыха есть в вашем городе или в его пригороде?

❑ Как туда можно доехать?

❑ Сколько времени нужно ехать?

❑ Что можно увидеть там?

❑ Почему вы советуете поехать туда?

Урок седьмой • Unit 7

МОЙ ДОМ — МОЯ КРЕПОСТЬ

My home is my castle

1

a) Проверьте, знаете ли вы эти слова.

Check whether you know these words.

высокий — high
низкий — low
удобный — convenient, comfortable

уютный — cosy
светлый — light
тёмный — dark

Запомните!

> КАКОЙ **У ВАС** ДОМ?
>
> КАКАЯ **У ТЕБЯ** КВАРТИРА?

б) Прочитайте диалоги.

Read the dialogues.

А

— Света, \ какой у вас дом?

— У нас большой, высокий дом.

— Ваш дом удобный?

— Конечно, \ наш дом удобный \ и очень уютный.

Б

— Марина, \ какая у вас квартира?

— У нас большая квартира. Там пять комнат.

— Ваша квартира уютная?

— Конечно, \ наша квартира уютная \ и очень светлая.

В

— Коля, \ какая у тебя комната?

— У меня небольшая комната.

— Твоя комната удобная?

— Нет, не очень удобная \ и тёмная.

в) Задайте друг другу аналогичные вопросы.
Ask each other similar questions.

Запомните!

Сколько чего у кого? в чём? где?	
СКОЛЬКО ЭТАЖ**ЕЙ**	**В ВАШЕМ** ДОМ**Е**? **У ВАС В** ДОМ**Е**?
СКОЛЬКО КОМНАТ	**В ТВОЕЙ** КВАРТИР**Е**? **У ТЕБЯ В** КВАРТИР**Е**?

2 а) Прочитайте предложения и обратите внимание на употребление падежей в конструкции со словом СКОЛЬКО.
Read the sentences and pay attention to the usage of cases in the construction with the word **СКОЛЬКО**.

1. Сколько этаж**ей у вас в** дом**е**? — **У нас в** доме *один* этаж.
2. Сколько комнат **в твоей** квартир**е**? — **В моей** квартире *одна* комнат**а**.
3. Сколько этаж**ей у неё в** дом**е**? — **У неё в** доме *два, три или четыре* этаж**а**.
4. Сколько комнат **в его** квартир**е**? — **В его** квартир**е** *две, три или четыре* комнат**ы**.
5. Сколько этаж**ей в** доме ваших родител**ей**? — **В** дом**е** моих родител**ей** *пять или шесть* этаж**ей**.
6. Сколько комнат **в квартир**е его** родител**ей**? — **В** квартире **его** родител**ей** *много* комнат.

б) Задайте друг другу аналогичные вопросы.
Ask each other similar questions.

Запомните!

КАКОЙ ДОМ?
ОДНОэтажный, **ДВУХ**этажный, **ТРЁХ**этажный, **ЧЕТЫРЁХ**этажный, **ПЯТИ**этажный, **МНОГО**этажный
КАКАЯ КВАРТИРА?
ОДНОкомнатная, **ДВУХ**комнатная, **ТРЁХ**комнатная, **ЧЕТЫРЁХ**комнатная, **ПЯТИ**комнатная, **ШЕСТИ**комнатная

③ **Ответьте на вопросы.**
Answer the questions.

1. — В вашем доме только один этаж. Какой у вас дом?
   — У нас _____

2. — В их доме только два этажа. Какой у них дом?
   — _____

3. — В её доме только три этажа. Какой у неё дом?
   — _____

4. — В нашем доме четыре этажа. Какой у нас дом?
   — _____

5. — У твоей подруги в квартире только одна комната. Какая квартира у твоей подруги?
   — _____

6. — У её сестры в квартире только две комнаты. Какая квартира у её сестры?
   — _____

7. — У их родителей в квартире пять комнат. Какая квартира у их родителей?
   — _____

Запомните!

Какой этаж?	НА какОМ этажЕ вы живёте?
1 — первый	на первОМ
2 — второй	на вторОМ
3 — третий	на третЬЕМ
4 — четвёртый	на четвёртОМ
5 — пятый	на пятОМ
6 — шестой	на шестОМ
7 — седьмой	на седьмОМ
8 — восьмой	на восьмОМ
9 — девятый	на девятОМ
10 — десятый	на десятОМ

84

4

Прочитайте вопросы и ответьте на них.
Read the questions and answer them.

1. **На** как**ом** этаж**е** находится ваша квартира?

_____

2. **На** как**ом** этаж**е** находится ваша комната?

_____

3. **На** как**ом** этаж**е** живут ваши родители?

_____

4. **На** как**ом** этаж**е** вы сейчас живёте?

_____

5. **На** как**ом** этаж**е** находится библиотека?

_____

6. **На** как**ом** этаж**е** находится аудитория номер 207?

_____

7. **На** как**ом** этаж**е** находится аудитория номер 316?

_____

8. **На** как**ом** этаж**е** находится аудитория номер 125?

_____

5

а) Проверьте, знаете ли вы эти слова.
Check whether you know these words.

гостиная — living room
спальня — bedroom
кухня — kitchen
ванная комната — bathroom
мебель — furniture
широкий — wide
узкий — narrow

шкаф — wardrobe _(для одежды)_, bookcase _(книжный)_
кресло — armchair
полка — shelf
кровать — bed
диван — sofa

б) Прочитайте диалог.
Read the dialogue.

— Здравствуй, Сергей.

— Привет, Наташа! Я очень рад тебя видеть.

— Я тоже рада тебя видеть. Ну, как жизнь в новой квартире? Давно хотела посмотреть её.

— Прекрасно! Теперь у меня большая \ трёхкомнатная квартира. Ты знаешь,\ я всегда хотел иметь \ такую квартиру.

— Ну, показывай!

85

— Вот моя гостиная. Это самая большая комната. Посмотри: \ два широких окна, \ поэтому гостиная очень светлая. Здесь у меня пока ещё не очень много мебели: \ два дивана, \ кресло, \ маленький столик, \ полки с книгами, \ телевизор \ и большой шкаф.

— Прекрасно! Очень красивая гостиная.

— А вот моя спальня. Небольшая, \ но, как мне кажется, \ уютная. Вот, смотри, \ широкая кровать, \ высокий шкаф \ и большое зеркало.

— А ещё какая комната у тебя есть?

— Ещё есть комната для гостей. Но когда гостей нет, \ это мой кабинет. Здесь я работаю на компьютере \ и занимаюсь. Вот стол для компьютера, \ шкаф с книгами \ и удобное кресло. Ну, как, \ тебе нравится?

— Да, \ конечно, мне очень нравится. А что ещё ты мне покажешь?

— Ещё \ я покажу тебе мою кухню.

— Какая удобная кухня!

— Да, \ кухня очень удобная \ и большая. А вот здесь ванная комната \ с ванной \ и с душем. Нравится?

— Да, \ мне всё очень нравится. Поздравляю. Ты купил очень хорошую квартиру, \ удобную, \ уютную \ и светлую.

в) Ответьте на вопросы.
Answer the questions.

1. Кто пришёл в гости к Сергею?
2. Почему она пришла к нему в гости?
3. Какую квартиру купил Сергей?
4. Какие комнаты в квартире Сергея?
5. Какая мебель стоит в его новой квартире?
6. Почему Наташе понравилась новая квартира Сергея?

г) Дополните диалог.
Complete the dialogue.

— Я купил _____ квартиру.
— Правда? А _____ квартиру ты купил?
— Я купил _____.
— _____ ?
— Нет, она небольшая и очень _____. Там есть _____, _____ и _____ .
— А _____ мебель у _____ в _____ ?
— В _____, _____, _____ и _____.

86

— А что есть у _____ в _____?

— Там есть _____, _____ и _____ .

— А в квартире есть _____?

— Ну конечно, _____ . Ещё в квартире есть _____ .

— А какая кухня?

— _____, _____ и _____ .

д) Переделайте диалог в текст и запишите его.

Turn the dialogue into the text and write it down.

6 **Образуйте прилагательные от следующих существительных при помощи суффиксов -ЕНН-, -ОНН- или -Н-.**

Form adjectives from the following nouns using the suffixes -ENN-, -ONN- or -N-.

Модель: компьютер — компьютер + Н + ЫЙ = компьютерНЫЙ стол

письмо — _____ стол

обед — _____ столы

журнал — _____ столики

кухня — _____ стол

стена (wall) — _____ шкафы

посуда — _____ шкаф

чай — _____ чашка

на столе — _____ лампа

стирать — _____ машина

гладить — _____ доска

Запомните!

> **книга — книг (г//ж) — книж + Н + ЫЙ =**
> **книжНЫЙ шкаф, книжНАЯ полка**
>
> **НО: дети — и + СК + АЯ — детСКАЯ комната**
> **стирать — ть + ЛЬН + АЯ — стираЛЬНАЯ машина**

7 **Ответьте на вопросы, используя прилагательные из предыдущего упражнения.**

Answer the questions using the adjectives from the previous exercise.

1. Какой стол у вас в комнате? — _____

2. Какие полки у вас в комнате? — _____

3. Где висит/лежит ваша одежда? — _____

4. На каком столике лежат газеты и журналы? — _____

5. Какой стол стоит на кухне? — _____

6. Какая лампа стоит на вашем столе? — _____

7. Какие шкафы в вашей квартире? — _____

8. В какой комнате живут дети? — _____

9. Где ваши книги? — _____

10. Из какой чашки пьют чай? — _____

11. В какой машине стирают одежду? — _____

Запомните!

		НУЖНО	
	Masculine	**НУЖЕН**	
Кому?	Feminine	**НУЖНА**	*Что? Где? Для чего?*
	Plural	**НУЖНЫ**	
(is needed / are needed)			

8 **Прочитайте вопросы и ответьте на них.**
Read the questions and answer them.

1. Какой стол нужен отцу в кабинете для работы?
2. Какой шкаф нужен маме в спальне для одежды?
3. Какие шкафы нужны хозяйке в кухне для посуды?
4. Какие полки нужны студенту для книг?
5. Какая лампа нужна ему на столе для занятий?
6. Какой столик нужен в гостиной для журналов и газет?
7. Какая комната нужна детям?
8. Какая машина нужна хозяйке, чтобы стирать?
9. Какая доска нужна, чтобы гладить одежду?

Запомните!

ДЛЯ ЧЕГО? — Для того чтобы + infinitive
(What for?)   (In order to)

9 **Дайте полные ответы на следующие вопросы по модели; используйте данные глаголы.**
Give the full answers to the following questions according to the model and using the given verbs.

Готовить (to make, to cook), *стирать* (to wash), *греть* (to heat), *узнавать* (to learn), *смотреть* (to look), *хранить* (to keep), *есть* (to eat), *варить* (to boil, to make, to cook).

Модель: — Для чего нужна плита?
— Плита нужна **для того, чтобы готовить** еду.

1. Для чего нужен холодильник?

2. Для чего нужна микроволновка?

_____

3. Для чего нужна кофеварка?

_____

4. Для чего нужна стиральная машина?

_____

5. Для чего нужны часы?

_____

6. Для чего нужно зеркало?

_____

7. Для чего нужна посуда?

_____

Запомните!

Я хотел(а) бы	
Мы хотели бы	+ infinitive

10 **Составьте рассказ или диалог, используйте следующие ситуации.**
Make up a story or a dialogue using the following situations.

1. Вы купили новую квартиру и показываете её своим друзьям. Расскажите, что вы хотели бы / вам нужно купить в новую квартиру, в какие комнаты и для чего.

Модель 1: В спальню мне нужно купить кровать, чтобы спать.

2. Вы хотите снять квартиру и разговариваете с агентом по продаже квартир. Скажите, какую квартиру вы хотели бы снять, какая мебель вам нужна в квартире и для чего.

Модель 2: В спальне мне нужна кровать, чтобы спать.

11 **а) Проверьте, знаете ли вы эти слова.**
Check whether you know these words.

стоять *(где? в чём? на чём?)* — to stand
ставить / поставить *(что? куда? на что? во что?)* — to put, to set, to place
лежать *(где? в чём? на чём?)* — to lie
класть / положить *(что? куда? на что? во что?)* — to put, to lay, to place
висеть *(где? на чём? в чём?)* — to hang
вешать / повесить *(что? куда? во что? на что?)* — to hang
брать / взять *(что? где? откуда? из чего? с чего?)* — to take

СТАВИТЬ		КЛАСТЬ	
я ставлю	мы ставим	я кладу	мы кладём
ты ставишь	вы ставите	ты кладёшь	вы кладёте
он ставит	они ставят	он кладёт	они кладут
БРАТЬ		**ВЗЯТЬ**	
я беру	мы берём	я возьму	мы возьмём
ты берёшь	вы берёте	ты возьмёшь	вы возьмёте
он берёт	они берут	он возьмёт	они возьмут

б) Прочитайте предложения с новыми словами.

Read the sentences with the new words.

1. Мои книги стоят В книжнОМ шкафУ и НА книжнОЙ полкЕ.
2. Большой ковёр лежит НА полУ В моей комнатЕ.
3. Моя одежда висит В стеннОМ шкафУ.
4. Я всегда ставлю новые книги В книжнЫЙ шкаф и НА книжнУЮ полкУ.
5. Я поставила новые книги В книжнЫЙ шкаф и НА книжнУЮ полкУ.
6. Мой брат всегда кладёт свои книги НА письменнЫЙ стол.
7. Я купила новый ковёр и положила его НА пол В детскОЙ комнатЕ.
8. Моя сестра повесила свою фотографию НА стенУ В комнатЕ.
9. Обычно я беру книги домой ИЗ библиотекИ.
10. Завтра мы возьмём книги ИЗ библиотекИ.

12 Вставьте нужный глагол.

Fill in the appropriate verb.

1. На полу в моей комнате _____ большой ковёр.
2. На стене комнаты _____ картины и фотографии.
3. В этой комнате _____ большой книжный шкаф.
4. Моя мама _____ в моей комнате большое зеркало.
5. В этой комнате я хочу _____ письменный стол.
6. На моём столе _____ книги и тетради.
7. Моя мама попросила меня _____ её пальто из шкафа.
8. Она всегда _____ продукты в холодильник.

13 **а) Проверьте, знаете ли вы эти наречия и предлоги.**
Check whether you know these adverbs and prepositions.

Родительный падеж

справа от *(чего?)* — on the right
слева от *(чего?)* — on the left
около *(чего?)* — near
напротив *(чего?)* — opposite
посередине *(чего?)* — in the middle of
вокруг *(чего?)* — round
из = с *(чего?)* — from, out of
из-под *(чего?)* — from under

Творительный падеж

рядом с *(чем?)* — beside, next to, near
под *(чем?)* — under
над *(чем?)* — over
между *(чем?)* **и** *(чем?)* — between
везде — everywhere

б) Прочитайте предложения.
Read the sentences.

1. Мой стол стоит справа от окна.
2. Слева от двери стоит шкаф.
3. Около моего стола — стул.
4. Напротив двери — окно.
5. Посередине кухни стоит круглый стол.
6. Вокруг стола — стулья.
7. Надо взять продукты из холодильника.
8. Возьми книгу из-под стола.
9. Я живу рядом с университетом.
10. Рядом с моим столом стоит стол моего друга.
11. Мои книги лежат под столом.
12. Над столом висит календарь.
13. Между окнами стоит диван.
14. В моей комнате везде лежат книги.

в) Вставьте нужные наречия или предлоги.
Fill in the appropriate adverbs or prepositions.

1. Обеденный стол стоит _____ кухни.
2. Фотографии висят _____ моим столом.
3. В нашей кухне _____ стола стоят шесть стульев.
4. В этой квартире кухня находится _____ входной двери.
5. _____ письменным столом висит большая книжная полка.
6. Моя спальня находится _____ со спальней моей сестры.
7. Телевизор стоит _____ окна, а магнитофон стоит _____ окна.
8. У меня так много книг, что они лежат даже _____ столом. Их надо взять _____ стола и положить на стол.
9. В моей комнате _____ лежат книги.

10. Моя кровать стоит _____ книжным шкафом и письменным столом.

11. Возьми словарь _____ книжной полки, а тетрадь _____ стола.

12. _____ моего письменного стола стоит удобное кресло.

14 Скажите, где сейчас находятся мебель и вещи и где они должны быть.

Say where furniture and the things are now and where they belong.

15 а) Проверьте, знаете ли вы эти слова.

Check whether you know these words.

цвет — colour   синий — dark blue
белый — white   жёлтый — yellow
чёрный — black   зелёный — green
красный — red   коричневый — brown

Запомните!

КАКОГО ЦВЕТА?
белОГО, жёлтОГО, краснОГО, коричневОГО, чёрнОГО, зелёнОГО
НО: синЕГО цветА

92

б) Прочитайте предложения.

Read the sentences.

1. Какой это диван? — Это белый диван.
   Какого цвета этот диван? — Этот диван белого цвета.
2. Какой это стол? — Это коричневый стол.
   Какого цвета этот стол? — Этот стол коричневого цвета.
3. Какое кресло здесь стоит? — Здесь стоит красное кресло.
   Какого цвета кресло здесь стоит? — Здесь стоит кресло красного цвета.
4. Какой ковёр лежит на полу? — На полу лежит жёлтый ковёр.
   Какого цвета ковёр лежит на полу? — На полу лежит ковёр жёлтого цвета.
5. Какая лампа стоит на столе? — На столе стоит зелёная лампа.
   Какого цвета лампа стоит на столе? — На столе стоит лампа зелёного цвета.
6. Какая мебель стоит в комнате? — В комнате стоит чёрная мебель.
   Какого цвета мебель стоит в комнате? — В комнате стоит мебель чёрного цвета.

в) Прочитайте вопросы и ответьте на них.

Read the questions and answer them.

1. Какие цвета \ вы любите?
2. Какая мебель \ стоит в вашей комнате?
3. Какого цвета диван \ стоит в вашей комнате?
4. Какая лампа \ стоит на вашем письменном столе?
5. Какого цвета ковёр \ лежит на полу в вашей комнате?
6. Какого цвета кресла \ стоят в вашей гостиной?

16 а) **Прочитайте текст.**

Read the text.

Я уже говорил, что моя мама очень любопытная. Она очень хотела знать, как живут Джон и его семья. Поэтому она спросила его: «Извините, Джон, вы живёте в доме или в квартире?» Джон ответил, что они живут в доме. «Джон, — сказала мама, — расскажите о своём доме». — «Ну что вам рассказать, — сказал Джон. — Наш дом довольно типичный для Англии. Я не знаю, что рассказывать». Мама сказала, что её интересует всё. «Ну хорошо, — сказал Джон, — я попробую рассказать вам всё».

«У нас двухэтажный семикомнатный дом, — начал рассказывать Джон. — Наш дом большой и светлый. На первом этаже у нас гостиная, кухня и две комнаты для гостей. На втором этаже у нас три спальни. Моя комната тоже находится на втором этаже. У нас есть две ванные комнаты. Они тоже на втором этаже. Стены в нашей гостиной светлые, и там стоит много мебели. У нас в гостиной два дивана белого цвета. Ещё там стоят три кресла, они тоже белые. Там стоят коричневые книжные шкафы, на столах стоят жёлтые настольные лампы. На полу посередине гостиной лежит большой красный ковёр. На стенах висят фотографии и картины. Справа от окна, в углу, стоит большой телевизор. Слева от окна стоит большой книжный шкаф. Один диван стоит около стены, слева от двери. Второй диван стоит напротив телевизора. Одно кресло стоит в углу, справа от двери, ещё два кресла стоят справа и слева от дивана. В гостиной в больших вазах стоят красные и жёлтые цветы. Наша кухня светло-зелёного цвета. Там стоят белые буфеты, плита, большой зелёный обеденный стол и зелёные стулья. Буфеты стоят справа и слева от окна. Плита находится справа от окна, около буфета. Обеденный стол стоит посередине кухни. Вокруг стола — стулья. Моя комната светло-жёлтого цвета. Там немного мебели: коричневый письменный стол и коричневый книжный шкаф, платяной шкаф тоже коричневый, а кровать и кресло белые. Письменный стол стоит справа от окна. На письменном столе стоят жёлтая настольная лампа и компьютер. Около письменного стола стоит стул. Книжный шкаф находится рядом с письменным столом. Кровать стоит слева от окна. Платяной шкаф стоит справа от двери, а слева от двери — кресло. Оно чёрного цвета. В моей комнате есть большой ковёр синего цвета. Мне нравится моя комната. Я люблю наш дом. Он большой, светлый, тёплый и уютный».

«Джон, вы очень хорошо рассказали о своём доме, — сказала мама, — теперь я точно знаю, как выглядит типичный английский дом».

б) Ответьте на вопросы.
Answer the questions.

1. О чём мама попросила рассказать Джона?
2. В каком доме живёт Джон?
3. Сколько этажей в доме Джона?
4. Сколько комнат в доме Джона?
5. Какие комнаты есть в доме Джона?
6. Какого цвета стены в гостиной, в кухне и в комнате Джона?
7. Какого цвета ковры в гостиной и в комнате Джона?
8. Какого цвета лампы в доме Джона?
9. Какого цвета кресло в комнате Джона?
10. Почему Джон любит свой дом?

17 Расскажите о своей комнате.
Describe your room.

❏ Какая у вас комната?
❏ Какого цвета стены в вашей комнате?
❏ Какая мебель есть в вашей комнате, какого она цвета и где она стоит?
❏ Что висит на стенах вашей комнаты?
❏ Что лежит на полу вашей комнаты? Какого цвета эта вещь?
❏ Какие оригинальные вещи есть в вашей комнате?
❏ Нравится ли вам ваша комната? Почему?

94

18 а) **Проверьте, знаете ли вы эти слова.**

Check whether you know these words.

здание — building *(structure)*
крепость — fortress
солдат — soldier
берег — bank
размер — size
высота — height

строительство — building *(activity)*
деревянный — wooden
каменный — stone
сохранять / сохранить *(что?)* — to keep
строить / построить *(что? где?)* — to build
век — century

б) **Прочитайте текст.**

Read the text.

ДОМИК ПЕТРА ПЕРВОГО

На берегу Невы, недалеко от Петропавловской крепости, стоит Домик Петра Первого — самое первое здание в Петербурге. Его построили солдаты для Петра Первого за три дня — с 24 по 26 мая 1703 года. Сначала этот маленький домик называли «Первоначальный дворец» или «Красные хоромины». На самом деле это очень маленький деревянный домик. Его размер 60 квадратных метров, высота 2,5 (два с половиной) метра. Домик одноэтажный, четырёхкомнатный и очень скромный. Там очень маленькая спальня, гостиная, кабинет и кухня. В комнатах очень мало мебели: стол для работы, обеденный стол, шкаф для посуды, книжный шкаф и платяной (одёжный) шкаф.

В 40-е годы девятнадцатого века над деревянным домиком построили каменный футляр, чтобы сохранить этот первый в Петербурге дом на века.

Сейчас Домик Петра Первого — музей, где можно увидеть кресло, которое сделал сам Пётр, а также вещи великого русского царя. Здесь можно увидеть картины, карты, которые показывают историю строительства Петербурга.

в) **Ответьте на вопросы.**

Answer the questions.

1. Где находится Домик Петра Первого?
2. Кто построил Домик Петра Первого?
3. За сколько дней солдаты построили этот дом?
4. Как вы думаете, почему его называли «Первоначальный дворец»?
5. Какой это дом?
6. Почему его называют «домик»?
7. Что есть в Домике Петра Первого?
8. Для чего построили над домом каменный футляр?
9. Что можно увидеть в этом доме сейчас?

г) Восстановите вопросы по ответам.
Reconstruct the questions basing on the answers.

— _____
— Самое первое здание в Петербурге — Домик Петра Первого.
— _____
— Он находится недалеко от Петропавловской крепости.
— _____
— Его построили солдаты.
— _____
— Три дня.
— _____
— Да, это деревянный дом.
— _____
— Нет, это одноэтажный дом.
— _____
— Нет, там только четыре комнаты.
— _____
— Там есть маленькая спальня, гостиная, кабинет и кухня.
— _____
— В комнатах очень мало мебели.
— _____
— Сейчас в Домике Петра Первого находится музей.
— _____
— Там можно увидеть вещи великого русского царя.

19 **Расскажите об одном из исторических зданий вашего города.**
Tell about one of the historical buildings of your city.

- ❑ Где находится это историческое здание?
- ❑ Когда построили это здание?
- ❑ Кто построил это здание?
- ❑ Какой это дом?
- ❑ Сколько этажей в этом доме?
- ❑ Что находится в этом
  историческом здании?

Урок восьмой • Unit 8

ВСЁ ПОЗНАЁТСЯ В СРАВНЕНИИ

You learn things by comparing them

1 **Составьте словосочетания:**
а) существительное + существительное,
б) прилагательное + существительное.
Make up the word-combinations: a) a noun + a noun, b) an adjective + a noun.

вкус	торт	вкус торта	вкусный торт
прохлада	утро		
холод	зима		
образование	молодёжь		
длина	волосы		
ум	люди		
труд	журналисты		
сила	спортсменка		
правила	грамматика		
опыт	учитель		
популярность	певица		
известность	актёр		
интересы	студенты		

2 **Составьте предложения с этими словосочетаниями по модели.**
Make up sentences with these word-combinations according to the model.

Модель: Мне нравится вкус этого торта. Мне нравится этот вкусный торт.

3 **а)** **Прочитайте пары предложений, сравните предложения в каждой паре и объясните, чем они отличаются.**

Read pairs of the sentences, compare the sentences in each pair and explain the difference between them.

Сегодня ОЧЕНЬ жаркий день. — Сегодня САМЫЙ жаркий день.
Это ОЧЕНЬ трудная работа. — Это САМАЯ трудная работа.
Здесь ОЧЕНЬ холодная зима. — Здесь САМАЯ холодная зима.
Это ОЧЕНЬ хороший врач. — Это САМЫЙ хороший врач.

б) **Составьте 4 пары предложений со словами ОЧЕНЬ и САМЫЙ.**

Make 4 pairs of sentences using the words ОЧЕНЬ and САМЫЙ.

_____
_____
_____
_____

4 **Прочитайте вопросы и ответьте на них положительно или отрицательно.**

Read the questions and give a positive or a negative answer.

Модель: — Знаете ли вы, какой океан самый большой в мире?
— Да, я знаю, какой океан самый большой в мире. Самый большой в мире океан — это Тихий океан.
— Нет, я не знаю, какой океан самый большой в мире. А кто знает?

1. Знаете ли вы, какое здание самое высокое в Петербурге?
2. Знаете ли вы, какой проспект самый длинный в Петербурге?
3. Знаете ли вы, какое место самое красивое в Петербурге?
4. Знаете ли вы, какой город самый известный в России?
5. Знаете ли вы, какая площадь самая известная в Москве?
6. Знаете ли вы, кто был самым первым в мире космонавтом?
7. Знаете ли вы, какое озеро самое большое в мире?
8. Знаете ли вы, какое море самое солёное в мире?
9. Знаете ли вы, какое место самое жаркое в мире?
10. Знаете ли вы, какое место самое холодное в мире?

Запомните!

> *КАКОЙ?* хороший — ИЙ + О = хорошО *КАК?*
>
> плохой — ОЙ + О = плохО

5 **а) От данных прилагательных образуйте наречия, а от существительных — глаголы и составьте словосочетания.**

Form adjectives from these adverbs and verbs from these nouns and make up the word-combinations.

Прилагательные	*Наречия*
удобная жизнь	очень удобно жить
трудная работа	
опасное путешествие	
серьёзный разговор	
интересная учёба	
медленный полёт	
хороший отдых	
красивая ходьба	

б) Составьте предложения с этими словосочетаниями.

Make up sentences using these word-combinations.

6 **а) Прочитайте предложения со словами САМЫЙ и ОЧЕНЬ. Обратите внимание на употребление прилагательных и наречий.**

Read the sentences with the words ОЧЕНЬ and САМЫЙ. Pay attention to the usage of adjectives and adverbs.

Модель: У нас удобная жизнь. — Нам очень удобно жить.

1. В Петергофе **самые красивые** фонтаны. Там *очень красиво*.

2. Это **самая тёмная** комната в квартире. Здесь всегда *очень темно*.

3. Мои друзья — **самые интересные** люди. Мне с ними всегда *очень интересно* разговаривать.

4. Герой фильма — **очень смелый** человек. Он *очень смело* поступает (to act).

5. Мой друг — **самый серьёзный** человек. Он всегда *очень серьёзно* говорит.

6. «Феррари» — **самая быстрая** машина. На ней можно *очень быстро* ездить.

7. По-моему, я купил **самую удобную** квартиру. Здесь *очень удобно* жить.

б) Ответьте на вопросы. Используйте наречия вместо прилагательных.
Answer the questions. Use adverbs instead of adjectives.

Модель: — Какой писатель, по вашему мнению, **самый интересный?** (читать)
— Самый интересный писатель — Лев Толстой. Романы Льва Толстого интересно читать.

1. Какой город в вашей стране, по вашему мнению, **самый удобный** для жизни? Почему? (жить где?)

_____

2. Какая работа, по вашему мнению, **самая интересная**? Почему? (работать где? кем?)

_____

3. Какой, по вашему мнению, фильм **самый страшный** из тех, что вы видели? Почему? (смотреть)

_____

4. Какой певец, по вашему мнению, **самый хороший** в вашей стране? Почему? (петь)

_____

5. Какая страна в мире, по вашему мнению, **самая спокойная**? Почему? (жить)

_____

6. Какой самолёт, по вашему мнению, **самый быстрый**? Почему? (летать)

_____

Запомните!

Первый способ образования сравнительной степени
краси**В**ый — **ЫЙ** + **ЕЕ** = красив**ЕЕ**
длин**Н**ый — **ЫЙ** + **ЕЕ** = длинн**ЕЕ**
глу**П**ый — **ЫЙ** + **ЕЕ** = глуп**ЕЕ**
свет**Л**ый — **ЫЙ** + **ЕЕ** = светл**ЕЕ**
горя**Ч**ий — **ИЙ** + **ЕЕ** = горяч**ЕЕ**
быст**Р**ый — **ЫЙ** + **ЕЕ** = быстр**ЕЕ**

7 **От данных прилагательных образуйте сравнительную степень.**
Form comparatives from these adjectives.

Прилагательные — наречия	Сравнительная степень
удобный — удобно	_____
трудный — трудно	_____
холодный — холодно	_____
тёмный — темно	_____
светлый — светло	_____
умный — умно	_____
смелый — смело	_____
серьёзный — серьёзно	_____
интересный — интересно	_____
медленный — медленно	_____
опасный — опасно	_____
страшный — страшно	_____
правильный — правильно	_____
важный — важно	_____

Запомните!

> что? ДЛИННЕЕ, чем что?
>
> кто? УМНЕЕ, чем кто?
>
> у кого? что? ДЛИННЕЕ, чем у кого?
>
> где? что? КРАСИВЕЕ, чем где?
>
> когда? что? ХОЛОДНЕЕ, чем когда?

8 **а) Прочитайте предложения.**
Read the sentences.

1. Река длиннее, чем улица.
2. Человек умнее, чем собака.
3. У Анны волосы длиннее, чем у Лены.
4. В Петербурге дома красивее, чем в деревне.
5. Зимой погода холоднее, чем весной.

б) Составьте аналогичные предложения, используя следующие существительные.

Make up similar sentences using the following nouns.

Человек, нос, ресторан, здание, фильм, город, мясо, опера, балет, улица, друг, актёр, писатель, роман...

_____

_____

_____

_____

_____

_____

Запомните!

Второй способ образования сравнительной степени

Прилагательные	Сравнительная степень
хороший	ЛУЧШЕ
плохой	ХУЖЕ
маленький	мЕНЬШЕ
большой	большЕ
младший	младшЕ
старший	старшЕ
редкий	реЖЕ
частый	чаЩЕ
короткий	короЧЕ
лёгкий	легЧЕ
богатый	богаЧЕ
широкий	ширЕ
дешёвый	дешевЛЕ
высокий	выШЕ
низкий	ниЖЕ
узкий	уЖЕ
дорогой	дороЖЕ
молодой	молоЖЕ
старый	старШЕ

9 **Прочитайте предложения. Замените прилагательные в сравнительной степени прилагательными в начальной форме по модели.**
Read the sentences. Replace the comparatives to the adjectives in the positive form according to the model.

Модель: Мой брат старше, чем я. Он мой **старший** брат.

1. Этот человек моложе, чем мой отец. Он _____ человек.
2. Эта женщина старше, чем моя бабушка. Она _____ женщина.
3. Миссисипи шире, чем Нева. Миссисипи — очень _____ река.
4. Билл Гейтс богаче, чем американский президент. Билл Гейтс — очень _____ человек.
5. Здесь продукты дешевле, чем у нас. Здесь очень _____ продукты.
6. Петербург моложе, чем Париж. Петербург — _____ город.
7. Эйфелева башня выше, чем Петропавловский собор. Эйфелева башня очень _____.
8. Этот фильм хуже, чем тот. Это очень _____ фильм.
9. На юге погода лучше, чем на севере. На юге очень _____ погода.
10. В Норвегии жизнь дороже, чем в России. В Норвегии очень _____ жизнь.

10 **Найдите антонимы.**
Match antonyms.

меньше   старше
светлее   медленнее
ниже   труднее
лучше   дороже
реже   теплее
быстрее   глупее
холоднее   уже
короче   чаще
легче   темнее
богаче   выше
шире   беднее
дешевле   хуже
умнее   длиннее
прекраснее   ужаснее
младше   больше
моложе   тяжелее

> **что? БОЛЬШЕ чего?**
>
> **кто? СТАРШЕ кого?**
>
> **у кого? что? БОЛЬШЕ чьего? чьей? чьих?**

11 а) Прочитайте предложения.
Read the sentences.

1. Дерево выше домА.
2. Брат старше сестрЫ.
3. Сёстры младше братьЕВ.
4. У меня квартира больше твоЕЙ квартирЫ.
5. У него дом меньше моЕГО домА.
6. У нас семья больше другИХ семЕЙ.
7. Дома в Петербурге лучше московскИХ домОВ.

б) Вставьте слово в правильной форме.
Fill in the gaps with the word in the correct form.

1. Он говорит по-русски лучше _____ (ты).
2. Я знаю русских слов больше _____ (она).
3. Мой брат старше _____ (твоя сестра).
4. По-моему, я выше _____ (мои друзья).
5. Воронежский университет моложе _____ (Петербургский университет).
6. Это пальто дороже _____ (другие пальто).
7. Романы Достоевского популярнее _____ (романы, Гончаров).

12 Сравните картинки. Постарайтесь использовать как можно больше прилагательных в форме сравнительной степени.
Compare the following pictures. Try to make as many comparatives as possible.

Словакия. Бойнице

Египет. Луксор

Небоскрёб в Сеуле

Собор Парижской Богоматери

Дворцовый мост
в Санкт-Петербурге

Тауэрский мост

Эльбрус

Приполярный Урал

13 Используя прилагательные в сравнительной степени и грамматические конструкции, поиграйте в игру «Кто больше?»: две группы студентов составляют предложения; побеждает та группа, которая составила больше предложений.

Play the game "Who can more?". Two groups of students make sentences using comparatives and grammatic constructions. The group which has made more sentences wins.

«Пежо», «мерседес», «жигули», «ситроен», «лендровер», «тойота», «Волга», БМВ, «мазда», «форд», «вольво», велосипед, мотоцикл...

Нью-Йорк, Москва, Париж, Мадрид, Токио, Лондон, Пекин, Петербург, Осло, Рим, деревня, маленький городок...

Африка, Сибирь, Европа, Австралия, Южная Америка, Канада, Южный полюс, Азия...

Запомните!

> **НА СКОЛЬКО?**
>
> *кто? что?* **НАмного** БОЛЬШЕ / **НАмного** МЕНЬШЕ *кого? чего?*
>
> *у кого? где?* **НАмного** БОЛЬШЕ / **НАмного** МЕНЬШЕ, **чем** *где? у кого?*

14 а) Прочитайте предложения.

Read the sentences.

1. Нью-Йорк намного больше Петербурга.

2. Петербург намного меньше Москвы.

3. У меня в стакане воды намного больше, чем у тебя.

4. В твоём стакане воды намного меньше, чем в моём.

5. Романы Достоевского намного серьёзнее романов Конан-Дойля.

6. Фильмы Квентина Тарантино намного популярнее, чем фильмы других режиссёров.

7. У нас в университете учиться намного труднее, чем у вас.

8. Пироги моей мамы намного вкуснее, чем в этом кафе.

9. В доме моих родителей жить намного удобнее, чем у меня в квартире.

б) Ответьте на вопросы отрицательно, используя антонимы.

Give the negative answers using antonyms.

Модель: — Это правда, \ что Нева намного длиннее Миссисипи?

— Нет, \ ну что ты! Нева намного короче Миссисипи!

1. Это правда, что «мерседес» намного дешевле «пежо»?

2. Это правда, что у вас в стране зима намного длиннее, чем в России?

106

3. Это правда, что на велосипеде ездить намного быстрее, чем на мотоцикле?

4. Это правда, что Нью-Йорк намного старше Москвы?

5. Это правда, что у вас работу найти намного легче, чем в другой стране?

6. Это правда, что в Китае живёт намного меньше людей, чем в России?

7. Это правда, что Париж намного старше Рима?

15 **а) Прочитайте диалоги, обратите внимание на грамматическую конструкцию.**

Read the dialogues, pay attention to the grammar construction.

А

— Твой брат старше тебя?

— Да, он старше меня.

— **НА сколько лет** он старше тебя?

— Он старше меня **НА два года**.

— А сестра тоже старше тебя?

— Да, она намного старше меня.

Б

— Ты не знаешь, \ БМВ дороже \ или дешевле «шевроле»?

— По-моему, \ «шевроле» дороже, чем БМВ.

— А **НА сколько** «шевроле» дороже?

— Думаю, тысяч **НА двадцать**.

— А «мерседес»?

— О, «мерседес» намного дороже.

б) Прочитайте вопросы и ответьте на них.

Read the questions and answer them.

1. Кто старше: ваш отец или ваша мать? На сколько лет?

2. Кто младше: вы или ваш брат (ваша сестра)? На сколько лет?

3. Где дороже учиться: здесь или в вашем университете? На сколько?

4. Кто из вас сегодня пришёл на занятие позже: вы или ваш друг? На сколько?

5. Где кофе дороже: в кафе или в ресторане? На сколько?

6. Кто из вас больше времени изучает русский язык? На сколько?

16 **Прочитайте диалоги и ответьте на вопросы.**
Read the dialogues and answer the questions.

А

— Привет! Я слышал, что ты снял новую квартиру?

— Да, снял.

— Ну и как? Эта квартира лучше, чем та?

— Конечно, лучше. Во-первых, она намного больше той, во-вторых, она светлее, чем та квартира, в которой я жил раньше. Мебель в комнатах здесь намного лучше. А кровать в спальне намного удобнее, чем та, на которой я спал раньше.

— Я рад за тебя.

— Спасибо, я тоже рад, что переехал на новую квартиру.

Почему он рад, что переехал на новую квартиру?

Б

— Привет, Света! Ну что, ты уже была в новом магазине?

— Конечно, была.

— Ну и как, тебе понравился новый магазин?

— И да, и нет.

— Почему?

— Потому что в этом магазине всё намного дороже, чем в других магазинах.

— Ты что-нибудь купила?

— Нет, что ты! Всё очень дорого!

— Наверное, качество лучше?

— Нет, я не могу сказать, что намного лучше. Но интерьер в этом магазине намного красивее, и сервис намного лучше.

— Вот поэтому всё дороже.

Почему Свете в новом магазине и понравилось, и не понравилось?

108

Запомните!

кто? что? **НЕмного** БОЛЬШЕ / **НЕмного** МЕНЬШЕ кого? чего?

у кого? где? чего? кого? **НЕмного** БОЛЬШЕ /
НЕмного МЕНЬШЕ, **чем** у кого? где?

17 **Прочитайте предложения.**
Read the sentences.

1. Моя сестра учится немного лучше меня.
2. В моей комнате мебели немного меньше, чем в твоей.
3. У меня немного больше денег, чем у тебя.
4. Здесь немного холоднее, чем у меня на родине.
5. В нашем городе жить немного удобнее, чем в вашем.
6. Я знаю немного больше слов, чем ты.
7. В нашей группе студентов немного больше, чем в вашей.

18 **а) Прочитайте диалоги, обратите внимание на использование форм сравнения при возражении.**
Read the dialogues, pay attention to the usage of comparatives by expressing objection.

А

— По-моему, \ в нашей группе \ студентов немного больше, \ чем в вашей.

— Да, \ может быть, человека на два больше.

Б

— Знаешь, \ по-моему, \ сегодня немного холоднее, \ чем вчера.

— Да, \ может быть, градуса на три холоднее.

В

— Ты знаешь, \ мне кажется, \ что вход в клуб «Метро» \ немного дешевле,\
чем в «Мани-Хани».

— Да, \ может быть, рублей на двадцать дешевле.

**б) Составьте аналогичные диалоги: сравните условия жизни
в вашем городе и в городе, в котором вы учитесь (клубы,
рестораны, кафе, дискотеки и т. д.).**
Make up similar dialogues: compare the living conditions in your native city and in the
city where you study (clubs, restaurants, cafés, discos etc).

19 **Прочитайте русские пословицы и скажите, справедливы ли они.**
Read the Russian proverbs and say whether they are correct.

В гостях хорошо, а дома лучше.

Тише едешь — дальше будешь.

Лучше поздно, чем никогда.

Больше верь своим глазам, чем чужим словам.

Меньше говори, да больше делай.

Красота лучше, а правда нужнее.

Всё познаётся в сравнении.

20 **Напишите небольшой рассказ, сравните:**
Write a small story, compare:

❏ университеты, в которых вы учитесь дома и в России;

❏ количество студентов в этих университетах;

❏ культурную жизнь в вашем родном городе и в городе, в котором вы учитесь;

❏ качество и условия жизни в вашем родном городе и в городе, в котором вы учитесь;

❏ стоимость жизни в вашем родном городе и в городе, в котором вы учитесь;

❏ рестораны, кафе или клубы в вашем родном городе и в городе, в котором вы учитесь.

Урок девятый • Unit 9

У ПРИРОДЫ НЕТ ПЛОХОЙ ПОГОДЫ

Nature has no bad weather

1 **а) Проверьте, знаете ли вы эти слова и выражения.**
Check whether you know these words and expressions.

пасмурный — cloudy

солнце — sun

мороз — frost

кончаться / кончиться — to stop

светить — to shine

идти / пойти (*о снеге, дожде*) — to rain, to snow

проходить / пройти (*о снеге, дожде*) — to stop raining, snowing

снег — snow

ветер — wind

бывать — to happen, to be, to take place

дождь — rain

жара — heat

б) Прочитайте предложения.
Read the sentences.

1. В Петербурге часто бывает пасмурная погода.
2. Вчера было пасмурно (холодно, тепло).
3. Сейчас идёт дождь, а вчера шёл снег.
4. Завтра пойдёт дождь или снег.
5. Дождь скоро пройдёт.
6. Дождь уже прошёл.
7. Дождь кончился.
8. Наконец-то закончилась холодная зима.
9. У нас всегда светит солнце.
10. Летом у нас часто бывает жара.

2 **Как часто? Запишите следующие слова и словосочетания в нужном порядке.**
How often? Write down the following words and word-combinations in the right order.

всё время (every time), *время от времени* (from time to time), *почти всегда* (almost always), *не очень часто* (not very often), *иногда* (sometimes), *довольно часто* (rather often), *один раз в 20 лет* (once in 20 years), *часто* (often), *редко* (seldom)

никог-да										всё время
0	1	2	3	4	5	6	7	8	9	10

а) Заполните таблицу.
Fill in the table.

Как часто бывает?

	Петербург	Ваш родной город
Солнце ☀		
Дождь 🌧		
Снег 🌨		
Ветер 〜		
Мороз 🌡		
Жара ☀		
Температура −20 ℃		
Температура +20 ℃		

Запомните!

что?	когда?
зима	зим**ОЙ**
весна	весн**ОЙ**
лето	лет**ОМ**
осень	осен**ЬЮ**

б) Расскажите о климате русского города и вашего родного города по модели. Используйте нужные глаголы.
Tell about the climate of a Russian city and of your native city using the model. Use the appropriate verbs.

Модель: В Париже летом жара бывает довольно часто, а в Петербурге — очень редко.

4 Образуйте прилагательные от следующих существительных.
Form adjectives from the following nouns.

север — север**Ный**
мороз — _____
прохлада — _____
запад — _____

112

зима — зим**Ний**

лето — _____

осень — _____

весна — _____

влага — _____

юг — _____

облако — _____

восток — _____

Запомните!

> ветер — ветр + ЕН + ЫЙ = **ветрЕНЫЙ**
>
> солнце — солн + ЕЧН + ЫЙ = **солнЕЧНЫЙ**
>
> сила — сил + ЬН + ЫЙ = **сильНЫЙ**
>
> жара — жар + К + ИЙ = **жарКИЙ**
>
> дождь — дожд + ЛИВ + ЫЙ = **дождЛИВЫЙ**
>
> сушь — сухой

5 **Напишите определения для следующих существительных. Используйте прилагательные из предыдущего упражнения.**

Write attributes for the following nouns. Use adjectives from the previous exercise.

климат — _____

погода — _____

день — _____

ветер — _____

дождь — _____

воздух — _____

6 **Какие антонимы у этих прилагательных?**

What are the antonyms of these adjectives?

сухой — _____

прохладный — _____

слабый — _____

восточный — _____

жаркий — _____

холодный — _____

облачный — _____

северный — _____

тёплый — _____

солнечный — _____

7 **а) Прочитайте и выучите новые слова.**

Read and learn the new words.

повышаться / повыситься — to rise, to increase

понижаться / понизиться — to go down, to sink

становиться / стать — to become

появляться / появиться — to appear

постепенно *(как?)* — gradually

с *(чего?)* — from

до *(чего?)* — to

Запомните!

что?	когда?
январь	январЕ [вј'инваре]
февраль	февралЕ [фф'иврал'е]
март	мартЕ
апрель	апрелЕ
май	маЕ [в маи]
июнь	июнЕ [выј'ун'и]
июль	июлЕ [выј'ул'и]
август	августЕ
сентябрь	сентябрЕ [фс'ин'т'ибр'е]
октябрь	октябрЕ [вакт'ибр'е]
ноябрь	ноябрЕ [внаибр'е]
декабрь	декабрЕ [вд'икабр'е]

В

б) Прочитайте предложения.

Read the sentences.

1. Весной температура воздуха **становится выше**.
   В мае температура воздуха **постепенно повышается**.
   Сейчас весна. Температура воздуха **повысилась, стала высокой**.
2. Осенью температура воздуха **становится ниже**.
   В октябре температура воздуха **постепенно понижается**.
   Сейчас осень. Температура воздуха **понизилась, стала низкой**.
3. Утром былО прохладнО, а днём сталО жаркО.
4. Вчера температура воздуха повысилась до +25 градусов (до плюс двадцатИ пятИ).
5. Сегодня температура воздуха понизилась до −13 градусов (до минус тринадцатИ).
6. Первый снег появляется в ноябре.
7. Лето продолжается 3 месяца: с июня по август.

⑧ Ответьте на вопросы, используя в ответах названия месяцев.

Answer the questions using names of months in your answers.

1. Когда температура воздуха повышается? Насколько?
2. Когда температура воздуха понижается? Насколько?
3. Когда у вас часто идёт дождь?
4. Когда у вас бывает снег?
5. Когда становится жарко?
6. Когда становится холодно?
7. Когда бывает комфортная температура воздуха?
8. Когда температура воздуха становится самой низкой?

114

9. Когда у вас бывает самая высокая температура воздуха?
10. Когда у вас появляется снег?

 а) Прочитайте текст.
Read the text.

КЛИМАТ ПЕТЕРБУРГА

В Петербурге самое длинное, самое холодное время года — зима. Она продолжается 5–6 месяцев — с ноября по апрель. В ноябре погода обычно пасмурная, солнца почти не бывает. В это время появляется первый снег. Температура воздуха в ноябре понижается от +5 до –5 градусов. Декабрь и январь — самые холодные месяцы с температурой воздуха от 0 до –10...–15 градусов. Время от времени бывают сильные морозы. Температура воздуха в это время может понизиться до –30 градусов. В это время может появиться солнце. В феврале в Петербурге дуют сильные ветры. В марте температура воздуха постепенно повышается, но ещё лежит много снега. Время от времени идёт дождь со снегом, дует холодный северный ветер, но иногда появляется солнце.

В апреле начинается весна. Температура воздуха повышается. Довольно часто идут дожди. Время от времени дует тёплый южный ветер и светит солнце.

В летние месяцы иногда бывает довольно жарко. В это время температура воздуха может повыситься до +30 градусов, но такая жара бывает только в июле и иногда в начале августа. В июне и в конце августа температура воздуха может быть +15...+20 градусов. В июне иногда идут дожди, а в конце августа дожди бывают довольно часто.

Осень начинается в сентябре. Заканчивается время каникул и отпусков. 1 сентября начинаются занятия во всех школах и университетах. В сентябре температура воздуха постепенно понижается, но может быть ещё довольно тепло. В октябре днём уже совсем холодно — +5...+10 градусов, а ночью температура воздуха может быть ещё ниже — +2...–2 градуса. Дует сильный западный или северо-западный ветер. Осенью в Петербурге каждый год бывают наводнения.

б) Скажите, чем отличается климат Петербурга от климата вашего родного города. Используйте модель.
Say how the climate of Petersburg differs from the climate of your native city.
Use the model.

Модель: В Петербурге самое длинное время года — зима, а у нас — лето.

Запомните!

КАКОЕ ЧИСЛО?	КОГДА? КакОГО числА?
Сегодня четверг, вторОЕ февралЯ.	В четверг, вторОГО февралЯ.
Вчера была среда, первОЕ январЯ.	В средУ, первОГО январЯ.
Завтра будет пятница, третЬЕ мартА.	В пятницУ, третЬЕГО мартА.

10 **а) Прочитайте прогноз погоды.**
   Read the weather forecast.

Прогноз погоды на 7 и 8 октября

В субботу, 7 октября, ожидается (is expected) сухая и солнечная погода. Температура воздуха днём повысится до +14...+18 градусов. Температура ночью понизится до +4...+9 градусов. Ветер юго-западный, слабый, 3–5 метров в секунду. В воскресенье, 8 октября, ожидается прохладная и облачная погода. Температура днём понизится до +10...+13 градусов, а ночью станет ещё прохладнее: +2...+4 градуса. Местами (in some places) кратковременные (short) дожди.

б) Ответьте на вопросы.
   Answer the questions.

1. Какая погода ожидается в субботу?
2. Насколько поднимется температура воздуха днём в субботу?
3. Что будет ночью?
4. Какой ожидается ветер?
5. Какая погода ожидается в воскресенье?
6. В воскресенье днём температура повысится или понизится?
7. Что будет ночью в воскресенье?
8. Какие дожди пройдут в воскресенье?

в) Постарайтесь предсказать погоду на следующий день.
   Try to forecast the weather for the next day.

В понедельник, 9 октября, надо ожидать, что _____

_____

_____

11 **а) Прослушайте текст.**
   Listen to the text.

2 августа, 5 августа и 10 августа была разная погода. В один из дней был кратковременный дождь и было прохладно. В другой день было сухо и тепло. В третий день прошёл дождь, но температура была +20 градусов.

116

б) Прослушайте вопрос и ответьте на него.

Listen to the question and answer it.

Какая погода была 2 августа, если 5 и 10 августа шёл дождь?

12 Заполните пропуски и прочитайте текст.

Fill in the gaps and read the text.

Зима _____ месяцев: ____ ноября ____ апрель. Весна
и лето _____ апреля ____ август. В сентябре _____
осень. В ноябре погода обычно _____, солнца почти не
_____. В это время _____ снег.
Температура _____ до –5 градусов. _____ идёт дождь
со снегом и _____ холодный северный _____, но
солнце _____ довольно часто. Весной температура _____
до +15 градусов. Довольно часто _____ дожди, время от времени
_____ тёплый южный ветер. В _____ месяцы _____
довольно жарко. В это время температура может _____ до +30...+35
градусов, но такая погода обычно _____ только в июле. Почти всё
время _____ солнце. Осень начинается в сентябре. Температура
воздуха постепенно _____, время от времени _____
сильный ветер, _____ дождь.

13 а) Скажите:

Say:

❑ Когда начинается весна в вашем городе?
❑ Какая погода бывает в вашем городе весной?
❑ Какая температура обычно бывает весной в вашем городе?
❑ Как часто бывает жарко или холодно весной?
❑ Как часто весной идёт дождь?
❑ Как часто весной бывают солнечные дни?

б) То же самое расскажите о зиме, о лете и об осени.

Tell the same about the winter, the summer and the autumn.

Запомните!

Что с вами? — What is wrong with you?

Как вы себя чувствуете? — How do you feel?

14 а) **Проверьте, знаете ли вы эти слова и словосочетания.**
Check whether you know these words and word-combinations.

чувствовать себя — to feel

здоровье — health

здоровый — healthy

выздоравливать / выздороветь — to recover

больной (болен, больна, больны) — sick

болеть / заболеть — to be ill / to fall ill

простуда — cold

простужаться / простудиться — to catch cold

принимать / принять лекарство — to take medicine

Что с вами? — What is wrong with you? What's the matter with you?

вызывать / вызвать врача — to call a doctor

голова — head

горло — throat

живот — stomach

зуб — tooth

насморк — cold, running nose

кашель — cough

кашлять — to cough

Запомните!

У меня хорошее здоровье.

У него простуда.

У неё насморк.

У ребёнка кашель.

б) **Прочитайте предложения.**
Read the sentences.

1. «Как вы себя чувствуете?» — «Спасибо, я чувствую себя хорошо».
2. «Что с вами?» — «Я плохо себя чувствую0187.
3. У меня хорошее здоровье.
4. Он уже совсем здоров.
5. Она ещё выздоравливает, а он уже выздоровел.
6. Ребёнок болен, он уже долго болеет.
7. Он простудился и заболел.
8. У вас простуда, больной: температура, кашель и насморк.
9. У вас кашель, вам надо принять лекарство.
10. «У тебя болит горло?» — «Нет, у меня болит голова».
11. «У вас болит зуб?» — «Нет, у меня болит живот».

118

15 Прочитайте диалоги и дайте полные ответы.
Read the dialogues and give the full answers.

А

Подруга. Алло, \ будьте добры Таню.

Мама.   Таня заболела.

Подруга. А что с ней?

Мама.   Она простудилась. У неё высокая температура.

Подруга. Она может подойти к телефону?

Мама.   Нет, \ к сожалению, не может. Она очень плохо себя чувствует.

Подруга. А какая у неё температура?

Мама.   38,5 (тридцать восемь и пять).

Подруга. Да, \ действительно высокая. А кашель у неё есть?

Мама.   Да, \ и кашель, \ и насморк, \ и горло болит.

Подруга. Очень жаль. А она принимает какие-нибудь лекарства?

Мама.   Конечно, принимает.

Подруга. Ну ладно, \ пусть выздоравливает. Передайте ей привет. Я позвоню \ через несколько дней.

Как чувствует себя Таня?

Б

Друг. Здравствуйте, \ позовите, пожалуйста, Сашу.

Мама. Саша плохо себя чувствует.

Друг. Я могу поговорить с ним?

Мама. Подождите минутку.

Саша. Алло.

Друг. Саша, \ привет! Что с тобой?

Саша. Наверное, грипп.

Друг. А как ты себя чувствуешь?

Саша. Не очень хорошо. Голова болит \ и горло.

Друг. Нет, \ это не грипп, \ это, наверное, простуда. Ты кашляешь?

Саша. Нет, \ кашля нет.

Друг. А насморк?

Саша. И насморка тоже нет.

Друг. Ты вызывал врача? Ты принимаешь какие-нибудь лекарства?

Саша. Конечно, вызывал. Я принимаю аспирин \ и аскорбинку.

Друг. Тебе надо пить горячий чай с лимоном \ и горячее молоко \ с мёдом \ и с маслом.

Саша. Спасибо за совет. Я попробую.

Друг. Попробуй обязательно \ и выздоравливай. Позвони, \ когда выздоровеешь.

Как чувствует себя Саша?

16 **а) Восстановите диалог.**
   Complete the dialogue.

ВИЗИТ К ВРАЧУ

Пациент. Доброе утро.
Врач. Здравствуйте. Что с _____?
Пациент. _____.
Врач. Вы давно _____ плохо?
Пациент. _____.
Врач. Что у вас сейчас _____?
Пациент. _____.
Врач. У вас была _____ вчера вечером?
Пациент. _____.
Врач. Давайте измерим температуру. Так, температура высокая. _____.
Пациент. А что _____ надо делать?
Врач. Во время простуды очень хорошо пить _____
   и _____.
Пациент. А что ещё вы посоветуете?
Врач. Вам надо обязательно _____ витамины. У вас есть медицинская страховка (insurance)?
Пациент. _____.
Врач. Приходите ко мне через три дня. А если вы будете плохо _____,
   _____ то вызовите (to call) врача на дом.

б) Расскажите о своём последнем визите к врачу.
   Tell about your last visit to the doctor.

1. Когда вы в последний раз были у врача?
2. Почему вы пошли к врачу?
3. Что посоветовал вам делать врач?
4. Можно ли вызвать врача на дом?
5. Есть ли у вас медицинская страховка?
6. Как можно получить медицинскую страховку?
7. Все ли люди должны и могут иметь медицинскую страховку?
8. Что делать, если у вас нет медицинской страховки?

121

18 **а) Слушайте текст и заполняйте таблицу.**
Listen to the text and fill in the table.

Время	Погода	Самочувствие
Сегодня		
Вчера		
Позавчера		
Три дня назад		

б) Прочитайте текст и проверьте, правильно ли вы заполнили таблицу.
Read the text and check whether you have filled in the table correctly.

Вчера была хорошая солнечная погода, но был сильный ветер. Я долго гулял и поэтому простудился. У меня появился насморк. А позавчера погода была тёплая и облачная. Но у меня болела голова, и я не ходил никуда. Три дня назад погода была пасмурная и довольно холодная, шёл дождь. Но я чувствовал себя отлично. Сегодня погода очень плохая, дождливая и прохладная. Я чувствую себя плохо. У меня кашель, насморк и температура.

19 **а) Прочитайте текст.**
Read the text.

Однажды мне позвонил Джон и сказал, что он заболел. В субботу он ездил за город с друзьями. Погода была не очень хорошая: солнца почти не было, дул сильный северный ветер, иногда шёл дождь, было пасмурно и довольно прохладно. Когда мама услышала, что Джон простудился, она сказала, что поедет к нему домой и будет его лечить. Мама спросила: «Ты не знаешь, у него есть кашель?» Я сказал, что не знаю. Потом мама спросила: «А насморк у него есть?» Я снова сказал, что я не знаю, есть ли у него насморк. «Ну хорошо, а какая у него температура?» — спросила мама. Я ответил, что я не спросил, какая у него температура. «О чём же ты спрашивал его?» — удивилась мама. Я сказал, что я ни о чём его не спрашивал. Мама сказала, что я несерьёзный человек, что меня не интересует, как чувствует себя мой друг, что она сейчас же поедет к Джону. Я сказал, что сам поеду к нему, но мама не слушала меня. Она взяла все лекарства, которые были дома: аспирин, антигриппин, анальгин, парацетамол — и, конечно, градусник. Потом она достала из шкафа малиновое варенье, которое варила специально для таких случаев, взяла мёд, лимоны и ещё что-то, что я не видел. После этого она сказала мне: «Поедем сейчас же к Джону. Он один, он болен, ему надо помочь». Через полчаса мы были у Джона. Он лежал в постели и выглядел очень плохо. Мама спросила его: «Джон, как вы себя чувствуете?» Джон ответил, что он чувствует себя не очень хорошо. «А вы мерили температуру?» — спросила мама. «Нет, — сказал Джон, — не мерил, потому что у меня нет градусника». Мама поставила Джону градусник, потом пошла на кухню и приготовила ему сладкий чай с лимоном. Потом она взяла у него градусник и посмотрела, какая температура. Градусник показал 37,5. Это была высокая температура. «Джон, — сказала мама, — выпейте эти лекарства и чай с лимоном, а потом расскажите мне, где вы могли простудиться». Джон сделал всё, что сказала ему мама. Он рассказал, что он ездил за город. Погода в тот день была дождливая и ветреная, а он не надел куртку и не взял с собой зонт. Когда он приехал домой, вся его одежда была мокрая, и обувь тоже. «Джон, дорогой, — сказала мама, — нельзя так делать. Сейчас осень, самое опасное время года, поэтому зонт надо всегда носить с собой. Нужно тепло одеваться и не ездить за город, если не знаешь, какая будет погода». Джон сказал: «Конечно, вы правы. Я больше не буду ездить за город в плохую погоду. Я буду одеваться тепло и всегда носить с собой зонт». — «Ну вот и хорошо, — сказала мама, — а теперь давайте я посмотрю ваше горло». — «Зачем, — сказал Джон, — у меня не болит горло». — «Сейчас не болит — потом может заболеть, — сказала мама, — открывайте сейчас же рот». Джон согласился. Мама посмотрела и сказала, что горло нездоровое. «Я советую вам выпить горячего молока с мёдом, — сказала мама, — а потом аспирин и постараться заснуть. Завтра никуда не ходите, лежите и пейте чай с лимоном и молоко с мёдом. Через три дня вы поправитесь. Если будете чувствовать себя плохо, позвоните мне, и я приеду вместе с врачом».

б) Ответьте на вопросы.

Answer the questions.

1. Что случилось с Джоном?
2. О чём спросила мама, когда узнала, что Джон заболел?
3. Что взяла с собой мама, когда поехала к Джону?
4. Что сделала мама, когда приехала к Джону?
5. Почему заболел Джон?
6. Что сказала ему мама, когда узнала, почему он заболел?
7. Что посоветовала мама Джону?
8. Что обещал Джон маме?

20 Посмотрите на картинки и напишите рассказ.
Look at the pictures and write a story.

 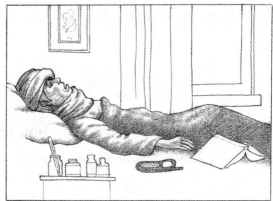

21 **Скажите:**
      Say:

❑ Какое время года в вашей стране считается самым опасным для здоровья человека и почему?

❑ В какую погоду можно заболеть и почему?

❑ При какой температуре воздуха человек может простудиться и заболеть?

❑ Что надо делать, чтобы не заболеть?

❑ Когда вы болели в последний раз?

❑ Чем вы болели?

❑ Что у вас болело?

❑ Сколько времени вы болели?

❑ Что вы делали, чтобы поправиться?

❑ Есть ли у вас «мамины» рецепты от простуды? Какие?

Урок десятый • Unit 10

СВОБОДНОЕ ВРЕМЯ

Free time

1 **а) Проверьте, знаете ли вы эти слова и словосочетания.**
Check whether you know these words and word-combinations.

свободное время — free time, leisure
свободен (свободна, свободны) — free
занят (занята, заняты) — busy
выходной день — day off
выходные дни — weekend
праздник — holiday
вечеринка — party
проводить / провести (время) — to spend (time)
проводить / провести время хорошо — to have a good time
проводить / провести (праздник) — to hold
собираться / собраться *(где? с кем? / что делать, сделать?)* — to get together, to be going

устраивать / устроить вечеринку — to arrange a party
во время праздника — at the time of the holiday

б) Прочитайте предложения.
Read the sentences.

1. Сегодня у меня есть свободное время.
2. У нас выходной в среду. В субботу тоже свободный день.
3. В выходные дни мы ездим к родителям.
4. Сегодня вечером мы свободны, а завтра будем заняты.
5. Студенты хорошо провели время в клубе.
6. Во время праздников наша семья собирается в доме бабушки.
7. Студенты собираются устроить вечеринку в субботу.

в) Ответьте на вопросы.
Answer the questions.

1. Что вы обычно делаете в выходные дни?
2. Где вы проводите время с друзьями?
3. Когда обычно собирается вся ваша семья?

126

4. Когда и где вы устраиваете вечеринки?

5. Что вы собираетесь делать в следующий выходной?

6. Какие праздники есть в вашей стране?

7. Что вы обычно делаете во время праздников?

Запомните!

каждую субботу = ПО субботАМ

каждый праздник = ПО праздникАМ

каждый вечер = ПО вечерАМ

каждый выходной = ПО выходнЫМ

2 **а) Образуйте формы дательного падежа множественного числа от следующих слов.**
Form dative plural from the following words.

каждую среду — _____

каждый четверг — _____

каждый вторник — _____

каждый понедельник — _____

каждую пятницу — _____

каждое воскресенье — _____

б) Ответьте на вопросы по модели. Используйте следующие слова.
Answer the questions according to the model. Use the following words.

Стадион, кино, фитнес-клуб, бассейн, библиотека, друзья, письма, телефон

М о д е л ь: Что вы делаете каждую субботу? — По субботам я хожу в баню.

1. Что вы делаете каждое воскресенье?
2. Что вы делаете каждый вторник?
3. Что вы делаете каждый понедельник?
4. Что вы делаете каждую среду?
5. Что вы делаете каждую пятницу?
6. Что вы делаете каждый четверг?

3 **Вставьте нужное слово в правильной форме.**
Fill in the appropriate word in the right form.

1. В субботу мы хорошо _____ в кафе.
2. В выходные дни наша семья _____ в доме моей бабушки.
3. Свой _____ мы с коллегами любим _____ в лесу.
4. По _____ мы с сестрой любим приглашать гостей.

5. Во время _____ студенты любят ездить на море.

6. _____ мой брат _____ с друзьями.

7. Мои друзья любят _____ по вечерам, чтобы поговорить.

8. По _____ моя подруга всегда _____ в библиотеке.

4 **Ответьте на вопросы. Используйте выражения времени, данные выше.**

Answer the questions. Use the expressions of time given above.

1. Когда вы ходите в ресторан ужинать?

2. Когда вы ездите в другие страны?

3. Когда вы приглашаете гостей?

4. Когда вы ходите в гости к родителям?

5. Когда вы встречаетесь с друзьями?

6. Когда вы ходите в спортзал?

7. Когда вы ездите за город на пикник?

8. Когда вы пойдёте в театр?

Запомните!

Приходите! Приезжайте!	(ко мне, к нам)

Запомните!

Он свободЕн.	Она свободнА.	Они свободнЫ.
He is free.	She is free.	They are free.
Он занят.	**Она занятА.**	**Они занятЫ.**
He is busy.	She is busy.	They are busy

5 **а) Прочитайте диалоги и ответьте на вопросы.**

Read the dialogues and answer the questions.

А

— Таня, \ ты свободна в субботу?

— Нет, \ к сожалению, \ в субботу я буду занята.

— А в воскресенье ты тоже будешь занята?

— Нет, \ в воскресенье я буду свободна. А что?

— Если будет хорошая погода, \ приезжай ко мне на дачу.

— Прекрасно! С удовольствием приеду.

Куда поедет Таня в воскресенье?

Б

— Джон, \ ты свободен в выходной?

— Нет, \ к сожалению, \ в этот выходной я занят.

— А в следующий выходной ты тоже будешь занят?

— Нет, \ в следующий выходной я буду свободен. А что?

— Я хочу пригласить друзей. Приходи и ты ко мне в гости.

— Прекрасно! Я с удовольствием приду.

Куда пойдёт Джон?

б) Восстановите диалоги.

Complete the dialogues.

А

— Ты _____ в субботу?

— А _____?

— _____ в субботу ко мне в гости.

— Извини, но в субботу я, к _____, буду _____.

— А в воскресенье ты будешь _____?

— Да, _____.

— Хорошо. Тогда _____ ко мне в гости.

— Прекрасно! _____.

Б

— Скажите, вы _____ завтра днём?

— Нет, _____, днём мы _____.

— А когда вы будете _____?

— Мы будем _____ вечером.

— _____! Тогда _____ к моей маме, у неё день рождения.

— _____.

в) Составьте аналогичные диалоги.

Make up similar dialogues.

⑥ **а) Проверьте, знаете ли вы эти слова.**

Check whether you know these words.

решать / решить (+ infinitive) — to decide

ждать / подождать *(сколько времени?)* — to wait

верить / поверить *(кому?)* — to believe

опаздывать / опоздать — to be late

б) Прочитайте текст.

Read the text.

Лена и Виктор учились на одном факультете, но в разных группах. Лена очень нравилась Виктору. Однажды он решил пригласить её в кино. После занятий он остановил её в коридоре и сказал:

— Леночка, привет! Ты свободна сегодня вечером?

Лена сказала:

— Я ещё не знаю. А что?

— Я собираюсь пойти в кино. Хочешь, пойдём вместе?

Лена хотела пойти с ним в кино, потому что Виктор тоже ей нравился. Но у неё не было времени, поэтому она сказала:

— Извини, но сегодня я занята.

Виктор спросил:

— А завтра ты свободна? Может быть, пойдём завтра?

— Да, завтра вечером я свободна. Давай пойдём завтра.

— Отлично, — сказал Виктор. — Фильм начинается в 8:45.

— Давай встретимся в 8:15, — сказала Лена. — В 6 часов мне надо пойти в библиотеку.

Но Виктор хотел погулять с Леной, поговорить с ней. Поэтому он сказал:

— Нет, давай встретимся пораньше.

— Ну ладно, — сказала Лена, — хорошо, давай в 7 часов. А где?

— Я буду ждать тебя на «Маяковской», у выхода с эскалатора.

В 6:30 Виктор купил билеты, а в 6:45 он уже был в метро, стоял у эскалатора, смотрел на часы и ждал. Но в 7 часов Лена не пришла. Виктор знал, что девушки всегда опаздывают. Но прошло сначала 10 минут, потом 20 минут, потом полчаса, а Лены не было. Наконец, когда было уже почти 7:50, она пришла.

— Извини, что я опоздала, — сказала Лена, — ты же знаешь, что девушки всегда опаздывают. Но только не я. Я никогда не опаздываю, но сегодня я очень долго ждала автобус.

Виктор не поверил, но ничего не сказал Лене, потому что был очень рад, что Лена пришла. В кино они не опоздали.

в) Выберите правильное утверждение.
Choose the correct statement.

Виктор пригласил Лену в кино, потому что … .
   (А) она была очень красивой девушкой
   (Б) они учились на одном факультете
   (В) она очень нравилась Виктору

Лена решила пойти с Виктором в кино, потому что … .
   (А) у неё было свободное время
   (Б) Виктор нравился ей
   (В) она не была занята

Они решили встретиться в 7 часов, потому что … .
   (А) фильм начинается в 7:15
   (Б) в 6 часов Лене надо пойти в библиотеку
   (В) Виктор хотел пойти погулять с Леной

Лена опоздала ... .

   (А) на 50 минут

   (Б) на 45 минут

   (В) на 15 минут

Лена опоздала, потому что ... .

   (А) она долго была в библиотеке

   (Б) она долго ждала автобус

   (В) девушки всегда опаздывают

В кино они ... .

   (А) не пошли

   (Б) опоздали

   (В) не опоздали

г) Найдите в тексте фразы, которые помогли Лене и Виктору договориться о встрече. Составьте аналогичные диалоги, используя следующие ситуации.

Find the phrases in the text which have helped Lena and Viktor to arrange meeting. Make up similar dialogues using the following situations.

1. Вы встретили вашего знакомого или вашу знакомую, которых давно не видели. Договоритесь о следующей встрече.

2. Вы встретили своего соотечественника (compatriot), которого не ожидали встретить здесь. Вы хотите провести с ним свободное время.

3. Вам понравился(лась) парень (девушка), и вы хотите его (её) куда-нибудь пригласить.

д) Перескажите текст сначала от лица Виктора, а затем от лица Лены.

Retell the story first on behalf of Viktor and then on behalf of Lena.

7 **Закончите текст.**

Complete the text.

В выходной день мне позвонил мой друг и сказал: «Ты свободен сегодня вечером? Давай пойдём в Fish fabrique». — «А что это такое?» — спросил я. «Это ночной клуб», — ответил он. «Извини, — сказал я, — но _____

_____

_____

_____

_____

_____

а) Прослушайте диалог.

Listen to the dialogue.

ДИАЛОГ

Папа.   Наташа, когда ты вчера вернулась домой?

Наташа.   Я не помню. Кажется, в 12:30.

Папа.   В 12:30? Нет, это неправда!

Наташа.   Ну, может быть, немного позже.

Папа.   Я знаю, когда ты пришла. Я не спал. Ты пришла в 2:45. Я ждал тебя почти всю ночь! Ты ходила на дискотеку?

Наташа.   На дискотеку? Нет, я была не на дискотеке. Я знаю, что ты не любишь, когда я хожу на дискотеку. Я была в клубе на концерте — с Алисой и Машей. Ты знаешь, это было так здорово! Там был один певец...

Папа.   Почему ты вернулась так поздно? Концерты не кончаются в 3:00!

Наташа.   Нет, конечно, но мы после концерта пошли к Алисе. Мы выпили по чашке чая, а потом разговаривали о политике. Ты знаешь, брат Алисы учится в университете и очень увлекается политикой. Он очень интересно рассказывает, потому что много знает. Вот поэтому я пришла домой поздно.

Папа.   Это всё неправда! Тебя видели вчера около 11 вечера с каким-то парнем. Кто это был?

Наташа.   Какой парень? Я не знаю, о чём ты говоришь. Я повторяю тебе, что я была...

б) Прочитайте письмо, которое написала Наташа.

Read the letter which Natasha has written.

Привет, Ирочка!

Давно тебе не писала. Хочу рассказать тебе об одном парне. Его зовут Саша. Он недавно начал учиться в нашей школе. Я познакомилась с ним в коридоре после уроков. Он очень симпатичный и ужасно умный. В субботу он пригласил меня на дискотеку. И я, конечно, пошла. Мы с ним отлично провели время! Мы танцевали до 12:30, пили пиво и даже целовались. Потом мы немного погуляли по городу. Я вернулась домой почти в 3 часа ночи. Утром папа, как всегда, задавал мне глупые вопросы.

Напиши мне, как ты провела выходные дни. Очень хочу знать твои новости. Пока, я буду ждать твоего ответа.

Целую,
Наташа

в) Сравните тексты диалога и письма и продолжите фразы.
Compare the dialogue and the letter and continue the sentences.

В действительности Наташа... А папе она сказала, что...
На самом деле Наташа... А папе она сказала, что...

г) Напишите письмо своему другу или подруге о том, как вы провели выходной день.
Write a letter to your friend about your weekend.

⑨ а) Прочитайте текст.
Read the text.

Самое лучшее время в жизни человека — это его свободное время. А что такое свободное время? Почему это время называют «свободное»? Может быть, потому что человек всё время занят?

В детстве мы учимся в школе, в юности учимся в университете, потом работаем, потом появляется семья. Что мы обычно делаем в перерыве между учёбой и работой, в наше свободное время? По вечерам сидим у телевизора или у компьютера. По выходным мы встречаемся с друзьями, с родственниками в парке, на улице или в ресторане. Мы ходим в гости и приглашаем гостей на вечеринки или на дни рождения. Мы проводим время в театрах, в кино, на стадионах, на кортах. Мы занимаемся спортом, читаем книги, смотрим телевизор, ездим в разные страны, знакомимся с людьми. По праздникам устраиваем вечеринки, много едим, а иногда много пьём. А когда же мы отдыхаем?

б) Как вы думаете, что значит эта русская пословица?
What do you think this Russian proverb means?

ДЕЛУ ВРЕМЯ, ПОТЕХЕ — ЧАС.
All work and no play makes Jack a dull boy.

10 **а) Проверьте, знаете ли вы эти слова и выражения.**
Check whether you know these words and expressions.

каникулы — vacation, holiday

отпуск — holiday, leave

во время каникул — during vacation

во время отпуска — during holiday

ловить рыбу — to fish

рыбалка — fishing

ходить в поход — to go camping

путешествовать — to travel

кататься на велосипеде — to cycle

на лодке — to boat

на машине — to drive

на лыжах — to ski

на коньках — to skate

гора — mountain

море — sea

лес — forest

река — river

озеро — lake

пляж — beach

купаться — to bath

загорать — to get a sun tan

б) Прочитайте предложения.
Read the sentences.

1. У нас в фирме отпуск две недели летом и две недели зимой.
2. Во время каникул мы с другом путешествуем.
3. Мой отец во время отпуска ездит на озеро ловить рыбу.
4. Мы с друзьями во время каникул часто ходим в поход в лес.
5. Во время отпуска я люблю кататься на лодке по реке.
6. Зимой во время каникул мы ездим в горы кататься на лыжах.
7. Моя семья всегда проводит отпуск на море.
8. Во время отпуска мои друзья ездят на рыбалку.

в) Ответьте на вопросы.
Answer the questions.

1. Когда у студентов каникулы?
2. Сколько дней продолжаются каникулы зимой и сколько дней летом?
3. Сколько дней продолжается отпуск у людей, которые работают?
4. Куда вы любите ездить во время каникул (отпуска)?
5. Вы любите ходить на рыбалку? Почему?
6. Вы часто ездите отдыхать на море? Почему?
7. Вы любите проводить время в лесу? На озере? На реке?

134

11 **Ответьте на вопросы теста и решите, не пора ли вам в отпуск.**
Answer the questions of the test and decide if it is time for you to go on holiday.

1. Считаете ли вы, что понедельник — день тяжёлый?
   А. День как день **3**
   Б. Согласен (согласна)! Ещё один «чёрный» день недели — пятница **1**
   В. Это зависит от работы **2**

2. После рабочего дня вы обычно…
   А. Читаете что-нибудь лёгкое или смотрите телевизор **2**
   Б. Сразу же ложитесь спать **1**
   В. Идёте в спортзал **3**

3. Сколько времени вы спите?
   А. Немного, но для меня это нормально **3**
   Б. Как все: 7–8 часов **2**
   В. Сплю плохо **1**

4. Любите ли вы шумную компанию?
   А. Очень люблю **3**
   Б. Совсем не люблю **1**
   В. Да, если мне там интересно **2**

5. Как вы предпочитаете проводить выходные?
   А. Сижу дома и ничего не делаю **1**
   Б. Иду в театр, в кино, в музей **3**
   В. Еду куда-нибудь за город **2**

6. Что вы обязательно возьмёте с собой в отпуск?
   А. Ноутбук и мобильный телефон **1**
   Б. Мяч и ракетки для бадминтона **3**
   В. Тёмные очки **2**

Если вы набрали…

От 7 до 10 очков

Вам нужно обязательно отдохнуть и поехать в отпуск как можно быстрее. Вам надо поехать не на пляж, а куда-нибудь в тихое место — в лес, на озеро. Можно поехать путешествовать в такие страны, как Норвегия или Хорватия. Можно отдохнуть в России, в доме отдыха около Москвы или Петербурга.

От 11 до 15 очков

Вы ещё не очень устали. Вы можете поехать в отпуск в середине лета. Вам нужен и активный, и пассивный отдых, поэтому вам лучше отдыхать на море. Можно поехать, например, в Италию, где можно загорать на пляже и ездить на экскурсии по историческим местам. Вы хорошо отдохнёте и в России, на Чёрном море, где вы сможете прекрасно провести время на пляже, а также пойти в поход в горы.

От 16 до 20 очков

Вы можете не торопиться в отпуск. Вы энергичны, вы ещё можете работать. Вам надо собираться в отпуск в конце лета. Вам нужен весёлый и активный отдых. Например, вы можете поехать в Испанию, где вы научитесь танцевать фламенко и увидите корриду. Но и в России вы тоже можете отдохнуть активно, например в путешествии по Золотому кольцу.

12 **а) Прочитайте и выучите новые слова.**
Read and learn the new words.

надоесть — to be tired of, to be bored of

опять — again

б) Прочитайте диалоги.
Read the dialogues.

А

— Где ты был во время каникул?

— Я был на море.

— Опять на море? Не надоело ездить на море?

— Нет, \ не надоело. Там море удовольствия!

Б

— Как ты провёл каникулы?

— Я был в горах.

— Опять в горах? Не надоело ходить в горы?

— Нет, \ не надоело. Там я получил все тридцать три удовольствия.

В

— Что ты делала во время каникул?

— Я была на даче.

— Опять на даче? Не надоело ездить на дачу?

— Нет, \ не надоело. Я там получаю массу удовольствия.

в) Задайте друг другу такие же вопросы. Как вы ответите на них?
Ask each other the same questions. How will you answer them?

136

13

а) Прочитайте и выучите новые слова и выражения.
Read and learn the new words and expressions.

в общем — on the whole
даже — even
как говорится — as they say
получать / получить удовольствие — to get pleasure

б) Прочитайте диалог.
Read the dialogue.

После отпуска два друга встречаются и рассказывают друг другу о том, как они провели каникулы.

Андрей. Привет, Дима!

Дима. Привет, Андрей! Ну как ты отдохнул?

Андрей. Отлично! А ты?

Дима. Я тоже хорошо отдохнул. Где ты был? Опять на юге?

Андрей. Нет, \ что ты! Мне надоело ездить на юг, мне надоели море \ и пляж. В этом году \ я ездил на север!

Дима. Ну да! А куда?

Андрей. На Урал.

Дима. Почему на Урал?

Андрей. Там — красота! Горы, \ озеро, \ лес, \ рыбалка... Ты же знаешь, \ что я люблю рыбалку, \ поэтому я провёл время прекрасно! Я ловил рыбу, \ ходил в горы \ и в лес. Там так красиво! В общем, \ я получил все тридцать три удовольствия. Ну, а как ты провёл каникулы?

Дима. А я, как всегда, \ ездил с друзьями на море.

Андрей. Опять море, \ солнце, пляж... Не надоело?

Дима. Нет, \ мне никогда не надоест ездить на юг. Ты же знаешь, \ что я люблю море и пляж. Мы загорали, плавали в море, \ катались на водных лыжах, \ на водном мотоцикле, \ играли в волейбол. В общем, \ я получил на море \ море удовольствия.

Андрей. Ну что ж, \ как говорится, \ на вкус и цвет \ товарищей нет!

в) Ответьте на вопросы.

Answer the questions.

1. Почему Андрей ездил на север, а не на юг?
2. Как он провёл время?
3. Почему Дима опять ездил на юг?
4. Как он провёл время?
5. Почему Андрей сказал: «На вкус и цвет товарищей нет»? Как вы понимаете эту русскую пословицу?

г) Перескажите этот диалог от лица Андрея и от лица Димы.

Retell this dialogue on behalf of Andrew and on behalf of Dima.

14 Посмотрите на картинки и составьте рассказ.
Look at the pictures and make up a story.

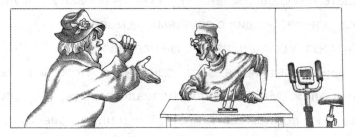

15 Скажите:
Say:

- Где вы любите проводить каникулы? отпуск?
- Что вы делаете во время отдыха?

138

16 **а) Прочитайте и выучите новые слова.**
   Read and learn the new words.

интересоваться *(чем?)* — to interest
увлекаться *(чем?)* — to take a great interest, to be enthusiastic
заниматься *(чем?)* — to go in for, to take up
уметь *(что делать?)* — can

б) Прочитайте предложения.
   Read the sentences.

1. Моя подруга умеет хорошо плавать.
2. Она регулярно занимается плаванием в бассейне.
3. По утрам я люблю бегать по парку.
4. Все мои друзья занимаются бегом на стадионе.
5. Мой отец увлекается рыбалкой, поэтому он часто ловит рыбу.
6. Мои родители занимаются альпинизмом, поэтому они часто ходят в горы.
7. Мой друг увлекается слаломом, поэтому он регулярно катается на лыжах.
8. Его друзья увлекаются экстремальными видами спорта, они умеют хорошо кататься на горных велосипедах, на скейтах и на сноубордах.
9. Мы с друзьями любим ходить в походы в лес или в горы.
10. В выходной день мы были в парке и катались там на лодке по озеру.
11. Зимой я люблю ходить на каток и кататься на коньках.

в) Скажите, что вы любите делать в свободное время, а что не любите.
   Say what you like and what you don't like to do in your free time.

Модель: Я люблю ходить, а бегать не люблю.

г) Ответьте на вопросы.
   Answer the questions.

1. Вы занимаетесь спортом? Каким видом спорта вы занимаетесь?
2. Ваши друзья увлекаются экстремальными видами спорта? Какими?
3. Чем вы любите заниматься во время каникул?
4. Чем вы увлекаетесь?
5. Вы интересуетесь спортом? Что вы умеете делать и как хорошо?
6. На чём вы умеете кататься?
7. Вы когда-нибудь ходили в поход? Когда? Куда?
8. Какой вид спорта самый популярный в вашей стране?

17 a) **Прочитайте диалоги.**
Read the dialogues.

А

— Интересно, \ чем занимается твой друг?

— Он занимается плаванием.

— И всё?

— Ну что ты! Ещё он увлекается бейсболом.

— Он умеет играть в бейсбол?

— Нет, что ты! Он любит смотреть, \ как играют в бейсбол.

Б

— Как ты думаешь, \ чем занимается Том?

— Не знаю. Может быть, спортом?

— Ну что ты! Он никогда не занимался спортом!

— А чем же он занимается?

— По-моему, ничем.

— Это ужасно!

В

— Интересно, \ а чем ты увлекаешься?

— Я увлекаюсь рыбалкой.

— И всё?

— Ну что ты! Ещё я интересуюсь баскетболом.

— Ты умеешь играть в баскетбол?

— Нет, \ что ты! Я люблю смотреть, \ как играют в баскетбол.

Г

— Как вы думаете, \ чем интересуется Робин?

— Не знаю. Может быть, футболом?

— Ну что вы! \ Он никогда не интересовался футболом!

— А чем же он интересуется?

— По-моему, ничем.

— Это ужасно!

б) **Составьте аналогичные диалоги.**
Make up similar dialogues.

140

18 **а) Проверьте, знаете ли вы эти слова.**
Check whether you know these words.

искусство — art
культура — culture
рисовать — to draw
рисование — drawing
фотографировать — to take a photograph
играть (*на чём?*) — to play

б) Прочитайте предложения.
Read the sentences.

1. Мои бабушка и дедушка интересуются искусством и ходят на все выставки.
2. Я интересуюсь русской культурой.
3. Джон увлекается рисованием, поэтому он всё время рисует.
4. Анна увлекается фотографией, поэтому она всё время фотографирует.
5. Моя мама увлекается музыкой, она любит слушать музыку Бетховена.
6. Мой отец в детстве занимался музыкой, в свободное время он любит играть на фортепиано.
7. Мой друг не занимался музыкой, но он умеет играть на гитаре.

19 **а) Прочитайте диалоги.**
Read the dialogues.

А

— Слушай, Марта, \ ты увлекаешься фотографией?

— Нет, \ что ты! Я никогда не увлекалась фотографией. Я не умею фотографировать. А что?

— Ничего. И я тоже не увлекаюсь фотографией, \ но я умею фотографировать.

Б

— Интересно, \ Андрей занимается рисованием?

— Нет, \ что ты! Он никогда не занимался рисованием. По-моему, \ он не умеет рисовать. А что?

— Ничего. Я тоже не занимаюсь рисованием, \ но я умею рисовать.

В

— Ты не знаешь, \ Анна интересуется культурой Востока?

— Нет, \ что ты! Она никогда не интересовалась культурой Востока. Она всегда интересовалась русской культурой. А что?

— Ничего. Я тоже не интересуюсь культурой Востока, \ мне интересна культура Запада.

б) Спросите друг друга, чем вы интересуетесь, увлекаетесь или занимаетесь. Используйте эти диалоги как модели.

Ask each other in what you have an interest, on what you are keen, for what you go in. Use these dialogues as a model.

Запомните!

(reason) **ПОЧЕМУ? — ПОТОМУ ЧТО**	
(intention) **ДЛЯ ЧЕГО? — ДЛЯ ТОГО, ЧТОБЫ**	+ infinitive
ЗАЧЕМ? — ЧТОБЫ	

20 а) Прочитайте вопросы и ответы.
Read the questions and the answers.

1. — Почему вы ходите в музеи?

— Потому что я интересуюсь искусством.

— Зачем вы ходите в музеи?

— Чтобы познакомиться с русским искусством.

— Для чего вы ходите в музеи?

— Для того, чтобы смотреть картины.

2. — Почему вы ходите в филармонию?

— Потому что я занимаюсь музыкой.

— Зачем вы ходите в филармонию?

— Чтобы слушать музыку.

— Для чего вы ходите в филармонию?

— Для того, чтобы научиться понимать музыку.

3. — Почему вы занимаетесь рисованием?

— Потому что я люблю рисовать.

— Зачем вы занимаетесь рисованием?

— Чтобы научиться хорошо рисовать.

— Для чего вы занимаетесь рисованием?

— Для того, чтобы рисовать картины.

б) Составьте аналогичные вопросы и задайте их друг другу.
Make up similar questions and ask them each other.

21 **а) Прочитайте интервью.**
Read the interview.

Журналист. Здравствуйте. Меня зовут Николай Петров. Я журналист. Я интересуюсь проблемами молодёжи. Я хочу познакомиться с вами, чтобы написать о вас в своей газете. Расскажите, пожалуйста, что вы делаете в России? Чем вы здесь занимаетесь? Чем вы интересуетесь? Чем вы увлекаетесь? Где и как вы проводите здесь свободное время?

Роберт. Очень приятно познакомиться. Меня зовут Роберт. Я учусь в Петербургском университете, в Институте русского языка и культуры. Я поступил сюда, чтобы изучать русский язык. Я увлекаюсь изучением иностранных языков и занимаюсь историей искусств. Я изучаю русский язык, потому что интересуюсь русской культурой. В свободное время я часто хожу в музеи и в театры, потому что мне это интересно. И ещё для того, чтобы познакомиться с классическим и современным русским искусством.

Журналист. Спасибо за ваш ответ. А что вы скажете, девушка?

Анна. Меня зовут Анна. Я из Норвегии. Я тоже учусь в университете и изучаю русский язык. Я увлекаюсь литературой. Я изучаю русский язык, чтобы читать русскую литературу по-русски. Ещё я интересуюсь фотографией. В свободное время я занимаюсь фотографией. Хожу по городу и фотографирую всё, что мне нравится. Я фотографирую, потому что это мне интересно. И ещё для того, чтобы показать фотографии Петербурга и его людей своим друзьям, когда вернусь домой.

Журналист. Очень интересно. Спасибо за ваш ответ. А вы, молодой человек?

Эдвард. Я Эдвард. Я приехал из Швеции. Я интересуюсь русской культурой, поэтому сейчас я в Петербурге. Я изучаю русский язык, чтобы понимать русскую культуру. В свободное время я занимаюсь рисованием, потому что люблю рисовать. Я всегда увлекался джазом и роком, поэтому здесь, в Петербурге, я хожу в джаз-клубы и на концерты рок-музыки. Я хожу туда, потому что мне это очень интересно. И ещё я хожу туда для того, чтобы познакомиться с современной русской музыкальной культурой.

Журналист. Большое спасибо за ваши ответы. Я рад, что познакомился с такими интересными людьми.

б) Восстановите вопросы по ответам.
Reconstruct the questions basing on the answers.

— _____

— Журналист интересуется проблемами молодёжи.

— _____

— Журналист хочет знать, чем студенты занимаются в Петербурге.

— _____

— Роберт приехал в Петербург, чтобы изучать русский язык.

— _____

— Он изучает русский язык, потому что интересуется русской культурой.

— _____

— В свободное время он ходит в музеи и в театры.

— _____

— Анна изучает русский язык, чтобы читать русскую литературу.

— _____

— Она увлекается литературой.

— _____

— Анна фотографирует, чтобы показать фотографии своим друзьям.

— _____

— Эдвард интересуется русской культурой.

— _____

— Он изучает русский язык для того, чтобы понимать русскую культуру.

— _____

— Здесь, в Петербурге, Эдвард часто ходит в джаз-клубы.

— _____

— Потому что Эдвард увлекается джазом и роком.

— _____

— Он ходит туда, чтобы познакомиться с русской музыкальной культурой.

в) Как бы вы ответили на вопросы журналиста?
How would you answer the journalist's questions?

144

22 Посмотрите на картинки и напишите рассказ.
Look at the pictures and write a story.

а) Прочитайте слова, которые вы встретите в тексте.
Read the words that you will find in the text.

бывший — former
живопись — painting
художник — painter, artist

набережная — embankment
век — century
мир — world

б) Прочитайте текст.
Read the text.

Моя мама решила провести экскурсию для меня и для Джона. Она всегда интересовалась искусством, поэтому она очень много знает. Моя мама увлекается музеями и выставками и часто ходит туда. В детстве она много занималась рисованием, и поэтому она очень хорошо рисует. Ещё она любит фотографировать разные красивые места: памятники, интересные здания, красивые уголки Петербурга. Когда она показывала свои картины и фотографии Джону, он спросил: «Интересно, а где это всё находится?» — «Джон, а чем вы интересуетесь, что вы делаете в Петербурге?» — спросила мама. Джон сказал, что он редко куда-нибудь ходит, потому что у него нет свободного времени, он всё время занят. «Как! Неужели вы ещё нигде не были?» — удивилась мама. Джон сказал, что он ещё почти ничего не видел, но что он будет свободен через неделю, в воскресенье и в понедельник. «Вот и хорошо, — сказала мама, — мы все вместе пойдём в музей: сначала в Петропавловскую крепость, а потом в Эрмитаж и в Русский музей».

И вот в воскресенье мы поехали вместе с мамой в центр города. Свою экскурсию она начала так: «О Петербурге часто говорят, что это город-музей. Сейчас вы увидите, где начинался город, вы познакомитесь с Петропавловской крепостью. На территории Петропавловской крепости есть музей истории города. В Инженерном доме Петропавловской крепости можно увидеть выставку "Возвращение в Петербург". На этой выставке вы увидите, как жили люди в Петербурге в XVIII веке и в начале XIX века». Мы с удовольствием погуляли по Петропавловской крепости, а потом мама повела нас в Эрмитаж.

«Самый известный музей в Петербурге — это Эрмитаж, — сказала мама. — Он находится в бывшем царском дворце, в Зимнем дворце, который находится в центре Петербурга на Дворцовой набережной. Этот дворец построил итальянский архитектор Бартоломео Растрелли. Здесь вы увидите картины самых известных художников мира: Леонардо да Винчи, Рафаэля, Рембрандта, Клода Моне, Пабло Пикассо, Ван Гога и многих других. Здесь есть коллекции скульптуры Древней Греции и Древнего Рима, коллекции японской миниатюры и немецкого фарфора». Мы долго ходили по залам Эрмитажа и очень устали, поэтому я сказал маме: «Мамочка, давай пойдём в Русский музей в следующий раз». Мама согласилась, что за один день невозможно увидеть всё.

Через неделю мы снова встретились с Джоном и пошли все вместе в Русский музей. Он находится в прекрасном Михайловском дворце, который стоит на площади Искусств, недалеко от Невского проспекта. «Интересно, а что там можно увидеть?» — спросил Джон. «Там самая большая коллекция русской живописи и скульптуры, — сказала мама. — В Русском музее вы можете познакомиться с картинами самых известных художников России. Там вы увидите русские иконы XII–XIX веков, прекрасные пейзажи Шишкина, Айвазовского, Рериха, сказочные картины Васнецова и Врубеля, исторические картины Брюллова и Сурикова, живопись эпохи модерна и картины современных художников».

Джон и я были очень довольны, что пошли на экскурсию с моей мамой. Мы узнали много нового и интересного.

в) Ответьте на вопросы.
Answer the questions.

1. Чем интересуется, увлекается и занимается мама?
2. Что сказала мама, когда узнала, что Джон ещё нигде не был?
3. Что мама рассказала о Петропавловской крепости?
4. Что нового вы узнали об Эрмитаже из рассказа мамы?
5. Что интересного вы узнали о Русском музее из рассказа мамы?

г) Восстановите вопросы по ответам.
Reconstruct the questions basing on the answers.

— _____
— Самый известный музей в Петербурге — это Эрмитаж.
— _____
— Этот дворец построил итальянский архитектор Бартоломео Растрелли.
— _____
— Зимний дворец находится на Дворцовой набережной.
— _____
— Выходной день в Эрмитаже — понедельник.
— _____
— Русский музей находится в Михайловском дворце.
— _____
— Русский музей работает с 10 до 18 часов.
— _____
— В Петропавловской крепости есть музей истории города.
— _____
— В Петропавловской крепости можно посмотреть выставку «Возвращение в Петербург».

— На этой выставке можно увидеть, как жили люди в Петербурге в XVIII веке и в начале XIX века.

24 **Скажите:**

Say:

❏ Чем вы занимаетесь?

❏ Чем вы интересуетесь?

❏ Какие достопримечательности вы видели в разных городах?

❏ Что ещё вы хотели бы увидеть?

❏ Какие музеи есть в вашем городе, в вашей стране?

❏ Что можно увидеть в этих музеях?

❏ Какие музеи вы рекомендуете посетить?

❏ Какие интересные места есть в вашем городе?

❏ Что вы советуете посмотреть в вашем городе, в вашей стране?

Урок одиннадцатый • Unit 11

ТЕАТР, КИНО, TV

Theatre, cinema, TV

1 **а) Проверьте, знаете ли вы эти слова.**
Check whether you know these words.

пьеса — play
спектакль — play, show, performance
драма — drama

комедия — comedy
трагедия — tragedy
опера — opera
балет — ballet

б) Прочитайте названия пьес и скажите, какой это спектакль — комедия, трагедия, драма, опера, балет. Используйте модель.
Read the names of the plays and say what each of them is — a comedy, a tragedy, a drama, an opera, a ballet. Use the model.

Модель: Мне кажется, что пьеса Чехова «Вишнёвый сад» — это комедия.
Возможно, пьеса Чехова «Вишнёвый сад» — это комедия.

А.П. Чехов. «Три сестры»; Жан Расин. «Федра»; М.А. Булгаков. «Зойкина квартира»; М.Ю. Лермонтов. «Маскарад»; Жан Ануй. «Антигона»; Уильям Шекспир. «Двенадцатая ночь»; Карл Гольдони. «Хозяйка гостиницы»; Жан-Батист Мольер. «Тартюф»; Бернард Шоу. «Поживём — увидим».

2 **а) Прочитайте названия театров.**
Read the names of the theatres.

Драматический театр, Театр комедии, Театр драмы и комедии, Театр сатиры, Театр оперы и балета, Детский театр, Детский музыкальный театр, Театр кукол, Филармония, Консерватория.

б) Составьте диалоги по модели.

Make up dialogues according to the model.

Модель: — Я думаю, что спектакль «Двенадцатая ночь» — это балет. Его можно посмотреть в Театре оперы и балета.

— Нет, ну что ты! Спектакль «Двенадцатая ночь» — это не балет, а комедия. Его можно посмотреть в Театре комедии.

Запомните!

Positive

ПРЕКРАСНЫЙ СПЕКТАКЛЬ! (A wonderful performance!)

ЭТО СТОИТ ПОСМОТРЕТЬ (This is worth seeing.)

СОВЕТУЮ ПОСМОТРЕТЬ (You should see it.)

СОВЕТУЮ ПОЙТИ (I recommend you to go there.)

Negative

УЖАСНО СКУЧНЫЙ СПЕКТАКЛЬ!

(A terribly boring performance!)

ЭТО НЕ СТОИТ СМОТРЕТЬ (It is not worth seeing.)

НЕ СОВЕТУЮ ХОДИТЬ (I don't recommend you to go there.)

---

3 **а) Прочитайте диалоги.**

Read the dialogues.

А

— Вчера я смотрела пьесу Бернарда Шоу \ «Пигмалион».

— Ну и как? Понравилось?

— Очень. Прекрасный спектакль! Это стоит посмотреть. Советую пойти.

Б

— В воскресенье мы были в цирке.

— Ну и как? Понравилось?

— Нет. Ужасно скучное представление. Не стоит смотреть. Не советую ходить.

В

— В субботу я была в Театре эстрады на концерте.

— Ну и как? Понравилось?

— Очень. Замечательный концерт! Это стоит посмотреть. Советую пойти.

Г

— В этом театре \ я смотрела трагедию Шекспира «Гамлет».

— Ну и как? Понравилось?

— Не очень. Ужасно скучный спектакль. Не стоит смотреть. Не советую ходить.

150

б) Расскажите, на каких спектаклях вы были. Дайте оценку этим спектаклям.

Say to what performances you have been. Assess these performances.

 а) Познакомьтесь с репертуаром театров.

Get acquainted with the repertoire of the theatres.

МАРТ	
Театр оперы и балета	**21, воскресенье** **(утро)** П.И. Чайковский. «Спящая красавица» **(вечер)** Л. Минкус. «Дон Кихот»
Филармония. Большой зал	**25, четверг** Академический симфонический оркестр Филармонии Р. Шуман. Концерт для фортепиано с оркестром
Александринский театр	**26, пятница** А.С. Пушкин. «Маленькие трагедии»
Большой драматический театр	**27, суббота** Жан Расин. «Федра»
Театр комедии	**28, воскресенье** Карл Гольдони. «Хозяйка гостиницы»
Театр «Буфф»	**29, понедельник** Оскар Уайльд. «Портрет Дориана Грея»
Театр сатиры	**30, вторник** Уильям Шекспир. «Король Лир»

б) Скажите, что можно посмотреть, послушать в этих театрах.

Say what you can see / hear at these theatres.

Модель: Во вторник, \ 15 августа, \ в Театре оперы и балета \ можно послушать оперу Чайковского \ «Иоланта».

5 Скажите:

Say:

- ☐ Какие театры есть в вашем городе, в вашей стране?
- ☐ Какие спектакли вы смотрели / слушали в этих театрах?
- ☐ В каких театрах в России вы были?
- ☐ Когда вы были там?
- ☐ Что вы смотрели / слушали?

Запомните!

> **СИДЕТЬ** *Где?*
>
> **В ложЕ, В партерЕ, В бенуарЕ,
> В первОМ ярусЕ, ВО вторОМ рядУ**
>
> *НО:* **НА балконЕ**

6 Рассмотрите план театра. Скажите, где вы хотели бы сидеть. Используйте модель.

Look at the plan of a theatre. Say where you would like to sit. Use the model.

М о д е л ь : Я хотел(а) бы сидеть в первом ряду партера.

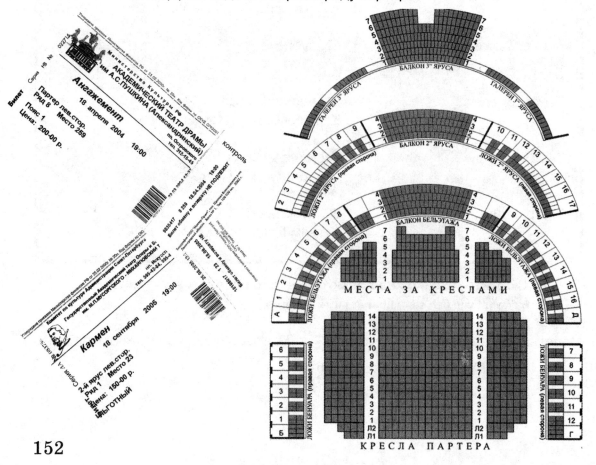

> **БИЛЕТЫ**
>
> **В** партер, **В** бельэтаж, **В** ложу, **В** первый ярус,
> *НО:* **НА** балкон
>
> **НА** какое число? — **НА** двадцать пятое ноября, **НА** суббот**У**
>
> **НА** какой спектакль? — **НА** опер**У**, **НА** балет, **НА** концерт
>
> **НА** утро, **НА** вечер

7 **а) Прочитайте диалоги.**
   Read the dialogues.

А

— У вас есть билеты в Мариинский театр?

— Есть. **На** какой спектакль?

— **На** балет «Жизель».

— Есть. На какое число?

— **На** двадцатое октября, **на** субботу. Если можно, **на** вечер.

— Есть билеты **по** 900 рублей **в** первый ярус \ и **по** 1500 — **в** партер. Вам какие?

— Мне **два** билета **в** партер \ **по** 1500 рублей.

Б

— Я хотела бы послушать оперу. У вас есть билеты?

— Да, \ пожалуйста. \ Есть билеты в Мариинский театр \ и в театр Мусоргского.

— В Мариинском я уже была. В театр Мусоргского, \ пожалуйста.

— **На** какой спектакль?

— **На** «Продавца птиц» или на «Иоланту».

— **На** какое число?

— **На** десятое декабря, \ **на** среду. \ Какие билеты у вас есть?

— Есть билеты **на** утро на «Иоланту» **в** партер, \ а **на** вечер \ на «Продавца птиц» **в** ложу.

— Мне, пожалуйста, **в** ложу.

— Есть билеты **по** 1350 \ и **по** 1200 рублей. Вам какие?

— Мне **один** билет **за** 1350 рублей.

б) Восстановите вопросы, опираясь на ответы.

Reconstruct the questions basing on the answers.

— _____

— Да, билеты в Мюзик-холл есть.

— _____

— Нет, на пятнадцатое марта билетов нет.

— _____

— Есть на восемнадцатое марта.

— _____

— Есть билеты по 500 и по 600 рублей на балкон.

— _____

— Нет, в партер билетов нет.

— _____

— Да, в Театр комедии есть билеты.

— _____

— Есть билеты на новый спектакль «Хозяйка гостиницы».

— _____

— Нет, на субботу билетов нет. Есть на воскресенье.

— _____

— Есть билеты во второй ряд партера.

— _____

— Нет, не дорогие. По 1250 рублей.

— _____

— Да, есть дешевле, но в десятый ряд.

8 **Что вы скажете, если вы хотите пойти в театр?**

What will you say, if you want to go to the theatre?

Модель: Мариинский театр, 12, май, суббота, балет «Корсар», партер, 750 рублей.

Я хотел(а) бы пойти в Мариинский театр в субботу, двенадцатого мая, на балет «Корсар».

Я хотел(а) бы купить один билет в партер за 750 рублей (два билета в партер по 750 рублей).

1. Театр сатиры на Васильевском, 10, январь, среда, комедия, Мольер, «Тартюф», балкон, 600 рублей.

2. Театр юных зрителей, 21, декабрь, пятница, драма, Островский, «Гроза», партер, 300 рублей.

3. Театр оперы и балета имени М.П. Мусоргского, 1, апрель, суббота, вечер, балет, «Дон Кихот», ложа, 1400 рублей.

154

4. Театр музыкальной комедии, 3, июнь, воскресенье, оперетта, Кальман, «Сильва», балкон, 700 рублей.

5. Консерватория, 22, ноябрь, вторник, концерт, симфонический оркестр, Шостакович, Девятая симфония, 800 рублей.

6. Мариинский театр, 19, декабрь, суббота, утро, балет, Чайковский, «Щелкунчик», партер, 1600 рублей.

9 **Посмотрите на картинки и составьте рассказ.**
Look at the pictures and make up a story.

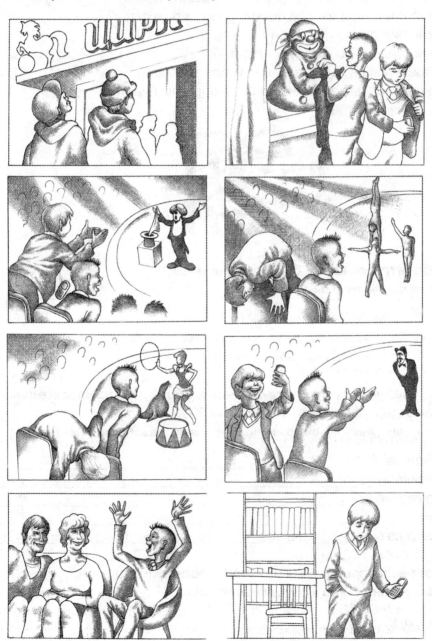

10 **Согласны ли вы с этими словами Уильяма Шекспира?**
Do you agree with these words of William Shakespeare?

ВЕСЬ МИР — ТЕАТР, И ЛЮДИ В НЁМ — АКТЁРЫ.
All the world is a stage, and all the men and women merely players.

11 **Скажите:**
Say:

- ❑ В каких театрах Петербурга вы уже были? Когда?
- ❑ Какие спектакли вы уже посмотрели / послушали?
- ❑ Какие билеты вы покупали?
- ❑ Где вы сидели во время спектакля?
- ❑ Понравился ли вам театр, в котором вы были?
- ❑ Понравился ли вам спектакль, который вы видели?

12 **а) Прочитайте, какие бывают фильмы.**
Learn the genres of the films.

художественный — a feature film
Фильм мультипликационный = мультфильм — a cartoon
документальный — a documentary

б) От следующих существительных образуйте прилагательные при помощи суффиксов -ЕСК- (-ЧЕСК-).
Form adjectives from the following nouns using the suffixes -ЕСК- (-ЧЕСК-).

фантастика _____

приключение _____

история _____

мистика _____

психология _____

в) Какие жанры кино вы знаете? Продолжите.
What genres of cinema do you know? Continue.

Мелодрама, _____

_____

156

г) Ответьте на вопрос и объясните свой ответ.
Answer the question and explain your answer.

Какие фильмы вы любите смотреть больше всего?

13 **Прочитайте названия фильмов, определите жанр этих фильмов и скажите, о чём они.**
Read the names of the films, define the genre of these films and say what about they are.

Модель: — Мне кажется, что фильм «Брат» — это мелодрама. Возможно, это фильм о братьях или о брате и о сестре.
— Я точно знаю, что фильм «Брат» — это драма. Это фильм о двух братьях.

«Гараж», «Мой друг Иван Лапшин», «Казино», «Богач, бедняк», «Трое против всех», «Ночной визит», «Три мушкетёра», «Сердца четырёх», «Золото партии», «Иван Грозный», «Небо. Самолёт. Девушка», «Ещё раз про любовь», «Дом дураков», «Вор».

14 **а) Прочитайте и выучите новые слова и выражения.**
Read and learn the new words and expressions.

происходить / произойти — to take place
снимать / снять фильм — to shoot a film
сниматься / сняться (в фильме) — to play in a film, to act in a film
режиссёр — director
герой — character
главный герой — main character
замечательный — wonderful, outstanding
Действие фильма происходит... — The film is set in...

> **Фильм рассказывает о том, что (как)...**
> **В фильме рассказывается о том, что (как)...**

б) Прочитайте текст о фильме «Бриллиантовая рука».
Read the text about the film "The Diamond Hand".

Популярную комедию «Бриллиантовая рука» снял известный режиссёр Леонид Гайдай. В этом фильме снимались талантливые актёры театра и кино — Андрей Миронов и Анатолий Папанов. Главную роль в фильме сыграл замечательный актёр российского кино, артист цирка, клоун Юрий Никулин. Роль жены главного героя сыграла жена режиссёра фильма известная актриса Нина Гребешкова.

Действие фильма происходит за границей и в небольшом российском городе на берегу моря. Фильм рассказывает о том, как контрабандисты перевозят бриллианты из-за границы в Россию. Главный герой фильма — простой экономист. В комедии рассказывается о том, как он оказывается в центре событий и помогает милиции поймать контрабандистов.

в) Ответьте на вопросы.
Answer the questions.

1. Кто снял комедию «Бриллиантовая рука»?
2. Кто снимался в этом фильме?
3. Кто сыграл главную роль?
4. Какую роль сыграла жена режиссёра?
5. Где происходит действие фильма?
6. О чём рассказывает фильм?
7. Кто главный герой фильма?
8. О чём рассказывается в комедии?

15 Расскажите о каком-нибудь фильме, который вам нравится, используя вопросы как план.
Tell about a film you like using the questions as a plan.

1. Как называется фильм, который вам нравится?
2. Это мелодрама?
3. Кто сыграл главную роль?
4. Какие актёры снимались в этом фильме?
5. Кто главный герой фильма?
6. Где происходит действие фильма?
7. О чём рассказывается в этом фильме?
8. Какую оценку вы могли бы дать этому фильму?
9. Рекомендуете ли вы посмотреть этот фильм и почему?

16 а) Прочитайте диалог.
Read the dialogue.

Катя. Привет, Серёжа. \ Ну как, \ ты был вчера в кино?

Серёжа. Привет, Катя. \ Жаль, что ты не пошла со мной. \ Фильм замечательный!

Катя. А как он называется?

Серёжа. «Сердца трёх».

Катя. Что это за фильм?

Серёжа. Это приключенческий фильм.

Катя. А где происходит действие фильма?

Серёжа. Трудно сказать. По-моему, \ где-то в Латинской Америке.

Катя. А почему фильм называется «Сердца трёх»? Это что, \ фильм о любви?

Серёжа. Не только о любви, \ но и о дружбе.

Катя. А о чём рассказывается в этом фильме?

Серёжа. В нём рассказывается, \ как двое друзей \ искали золото в горах, \ а нашли не только золото, \ но и любовь.

Катя. Неужели тебе нравятся такие фильмы? По-моему, \ это фильм для младших школьников.

Серёжа. Ну почему ты так говоришь? Ты же не видел его. Это очень красивый фильм. Актёры играют замечательно! Мне было очень интересно.

Катя. Ну, не знаю. Я не люблю такие фильмы. Мне больше всего нравятся фильмы серьёзные, \ психологические. Например, \ фильмы Тарковского \ или Бергмана.

Серёжа. Я тоже люблю фильмы Тарковского и Бергмана, \ но иногда \ можно посмотреть и такой фильм.

Катя. Нет, \ такие фильмы \ смотрят только дети \ и домохозяйки.

б) Ответьте на вопросы.
Answer the questions.

1. Почему Серёже понравился фильм, который он посмотрел?
2. О чём рассказывается в этом фильме?
3. Как вы думаете, почему Катя не пошла в кино вместе с Серёжей?
4. Какие фильмы любит смотреть Катя? Почему?
5. Какие фильмы вы предпочитаете смотреть? Почему?

17 Представьте себе, что:
Imagine that:

а) Известный режиссёр снял новый фильм. Вы уже видели этот фильм в кинотеатре. Ваш друг ещё не видел этот фильм. Какой разговор может произойти между вами? Составьте диалог.

б) Вы со своим другом посмотрели фильм. Вам этот фильм не понравился, а вашему другу понравился. Какой разговор может произойти между вами? Составьте диалог.

18 **Согласны ли вы со словами В.И. Ленина?**
Do you agree with the words of V.I. Lenin?

ИЗ ВСЕХ ИСКУССТВ ДЛЯ НАС ВАЖНЕЙШИМ ЯВЛЯЕТСЯ КИНО.

Cinema is the most important of all the arts for us.

19 **а) Проверьте, знаете ли вы эти слова.**
Check whether you know these words.

телевидение — TV
передача — programme
канал — channel
сообщение = информация — report, information
сообщать = информировать — to inform

б) От данных существительных образуйте прилагательные при помощи суффиксов -ОНН-, -Н-, -ЧЕСК-.
Form adjectives from the following nouns using the suffixes -ONN-, -H-, -ЧЕСК-.

-ОНН-, -Н-

информация — _____ программа
телевизор — _____ передача, игра
концерт — _____ программа
молодёжь — _____ канал

-ЧЕСК-

сатирик — _____ передача
юморист — _____ программа
политик — _____ программа
публицистика — _____ передача
экономика — _____ программа

20 **а) Прочитайте названия телевизионных передач и скажите, о чём могут быть эти программы, о чём они могут рассказать, что они могут показать.**
Read the names of the TV programmes and say what about they can be or may inform, what they can show.

Модель: Возможно, программа «Семейные новости» — это информационная программа, которая сообщает о жизни в семье.

«Время»

«Криминальные новости»

«Как стать миллионером?»

«Герой дня»

«Человек в большом городе»

«Маски-шоу»

«Школа ремонта»

«Петербургские сюжеты: Гоголь и Достоевский»

«Новости культуры»

«Диалоги о животных»

«Империя спорта»

«Что? Где? Когда?»

«Умные деньги»

«В России всё секрет... и ничего не тайна»

«Вояж, вояж!»

б) Какие телепередачи, по вашему мнению, стоит смотреть, а какие не стоит? Объясните почему.
Which TV programmes, in your opinion, are worth watching and which are not? Explain why.

Модель: По-моему, стоит смотреть спортивные программы, а политические передачи смотреть не стоит, потому что я интересуюсь спортом, а политикой не интересуюсь.

21 Скажите:
Say:

❑ Какие передачи можно посмотреть по телевизору в вашей стране?
❑ Какие передачи телевидения в вашей стране (в вашем городе), по вашему мнению, наиболее интересны?
❑ Какие передачи вы смотрите по телевизору чаще всего и почему?

22 Ответьте на вопросы.
Answer the questions.

❑ Хотели бы вы стать тележурналистом? Какую программу вы хотели бы сделать, если бы стали тележурналистом? Почему?
❑ Хотели бы вы стать телеведущим? Какую программу вы хотели бы вести, если бы стали телеведущим? Почему?
❑ Хотели бы вы стать шоуменом? Какое телевизионное шоу вы хотели бы вести, если бы стали шоуменом? Почему?
❑ Хотели бы вы, чтобы вас показали по телевизору? В какой программе вы хотели бы принять участие? Почему?

23 Как вы думаете, полезно или вредно телевидение? Объясните, почему вы так думаете.

What do you think, is TV useful or harmful? Explain why you think so.

ЖИЗНЬ ONLINE

24 а) Проверьте, знаете ли вы эти слова.

Check whether you know these words.

пользоваться *(чем?)* — to use

использовать *(что? для чего?)* — to use

сидеть / посидеть (за компьютером, в Интернете, в блогах) — to sit at a computer; to surf the net, the blogs

посылать / послать (письмо, сообщение) — to send (mail, message)

переписываться *(с кем?)* **(через Интернет)** — to correspond, to keep up a correspondence (through Internet)

получать / получить информацию (через Интернет) — to receive, to get information (through Internet)

получение *(чего?)* — receipt

общаться *(с кем?)* **(по Интернету, через Интернет)** — to communicate (through Internet)

общение *(с кем?)* — communication, intercourse

б) Прочитайте предложения.

Read the sentences.

1. Студенты всё время пользуются компьютером.
2. Студенты используют Интернет для получения информации.
3. Мои друзья любят сидеть в Интернете.
4. Вчера я немного посидел за компьютером, чтобы послать письма.
5. Сейчас многие люди переписываются через Интернет.
6. Через Интернет очень удобно получать информацию.
7. Молодые люди любят общаться с друзьями через Интернет.
8. Интернет нужен для получения информации и для общения с друзьями.

25 **Ответьте на вопросы.**
Answer the questions.

1. Сколько вам было лет, когда родители купили вам компьютер?
2. Где вы учились пользоваться компьютером?
3. Как часто вы пользуетесь компьютером?
4. Для чего вы используете компьютер?
5. Помогает ли компьютер учиться в университете?
6. Кто научил вас использовать Интернет?
7. Как часто вы сидите в Интернете?
8. Какую информацию вы можете получить через Интернет?
9. Есть ли у вас интернет-сайт? Для чего нужен интернет-сайт?
10. Вы посещаете сайты «В Контакте» или Facebook?
11. Что даёт людям посещение этих сайтов?
12. Кто такие блогеры? Вы блогер? Какие проблемы обсуждаются в блогах?
13. Как вы думаете, Интернет — это зло (harm) или благо (good) для людей?

26 **Скажите:**
Say:

❑ Что вы предпочитаете: ходить в театр, в кино, смотреть телевизор или сидеть в Интернете? Объясните ваше предпочтение.

Урок двенадцатый • Unit 12

КАК ВЫ ВЫГЛЯДИТЕ?

What do you look like?

---

1 **a) Проверьте, знаете ли вы эти слова.**
   Check whether you know these words.

рост — height, stature
высокий = большой — tall, of large stature
низкий = маленький — short, of small stature
средний — medium, of medium stature

Запомните!

> *кто? какого?* ростА
>
> **Маша высокого роста.**
>
> *каков? чей?* рост
> **Её рост 1 метр 90 сантиметров.**

б) Прочитайте предложения.
   Read the sentences.

1. Мой друг высокого роста.
   Его рост 1 метр 90 сантиметров.

2. Моя подруга среднего роста.
   Её рост 1 метр 70 сантиметров.

3. Эта девочка низкого роста.
   Её рост 1 метр 30 сантиметров.

4. Этот мальчик маленького роста.
   Его рост 1 метр 50 сантиметров.

5. Этот мужчина большого роста.
   Его рост 1 метр 87 сантиметров.

в) Ответьте на вопросы.
Answer the questions.

1. Какого вы роста?
2. Каков ваш рост?
3. Какого роста ваш брат или ваша сестра?
4. Каков рост вашего брата или вашей сестры?
5. Какого роста ваш друг или ваша подруга?
6. Каков рост вашего друга или вашей подруги?
7. Какого роста ваш отец и ваша мать?
8. Каков рост вашего отца?
9. Каков рост вашей мамы?

2 а) Проверьте, знаете ли вы эти слова и выражения.
Check whether you know these words and expressions.

выглядеть *(как?)* — to look like
худой — thin
полный — stout, plump
толстый — thick, fat
симпатичный — nice

стройный — slim
сильный — strong
Честное слово! — Honestly! Upon my word!
поздравлять — congratulate
Не может быть! — Unbelievable!
Тебе повезло! — You have luck!

б) Прочитайте диалоги.
Read the dialogues.

А

— Знаешь, \ я познакомился с симпатичной девушкой.

— Правда? Не может быть!

— Честное слово!

— Ну и как она выглядит?

— Она очень стройная, но немного худая.

— А какого она роста?

— Среднего. Примерно метр семьдесят.

— Ну, поздравляю! Тебе повезло!

Б

— Знаешь, \ я познакомилась с симпатичным парнем.

— Правда? Не может быть!

— Честное слово!

— Ну и как он выглядит?

— Он немного по́лный, \ но, по-моему, о́чень си́льный.

— А како́го он ро́ста?

— Он о́чень высо́кого ро́ста. Приме́рно два ме́тра.

— Ну, поздравля́ю! Тебе́ повезло́!

в) Дополните диалог.
   Complete the dialogue.

— Зна́ешь, я _____.
— Пра́вда? _____!
— _____!
— Ну и _____?
— _____.
—А како́го _____?
— _____.
— Ну, _____! Тебе́ _____!

3 Спроси́те друг дру́га, кто с кем познако́мился в университе́те, в Петербу́рге и́ли ещё где-нибудь. Как вы́глядят ва́ши но́вые знако́мые?
Ask each other with whom you have met at the university, in Petersburg or other places. What do your new acquaintances look like?

4 **а) Прове́рьте, зна́ете ли вы э́ти слова́ и словосочета́ния.**
   Check whether you know these words and word-combinations.

во́лосы — hair
глаз(а́) — eye(s)
нос — nose
гу́бы — lips
наве́рное — probably

прямо́й — straight
волни́стые во́лосы — wavy hair
седы́е во́лосы — gray hair
ка́рие глаза́ — brown eyes
обыкнове́нный — ordinary
вы́глядеть (*как?*) — to look like

Запо́мните!

> *у кого? какой? какая? какие?* (нос, глаза, волосы)
> *у кого? какого цвета?* (глаза, волосы)

б) Прочита́йте предложе́ния.
   Read the sentences.

1. У моего́ дру́га чёрные глаза́ и чёрные во́лосы. Он вы́глядит как италья́нец.
2. У мое́й подру́ги све́тлые во́лосы и се́рые глаза́. Она́ вы́глядит как шве́дка.
3. У э́того ребёнка тёмные волни́стые во́лосы и голубы́е глаза́.
4. У де́вочки дли́нные чёрные во́лосы и зелёные глаза́.

5. У моей бабушки голубые глаза, прямой нос и седые волосы. Она очень хорошо выглядит.

6. У этого человека серые глаза и тёмные прямые короткие волосы. Он брюнет.

7. У этой девушки большие карие глаза и длинные светлые волосы. Она блондинка. Она прекрасно выглядит.

в) Ответьте на вопросы.

Answer the questions.

1. Какого роста ваши отец и мать, братья или сёстры?
2. Ваш отец худой или толстый?
3. Ваша мама стройная или полная?
4. Какие у вас глаза, губы, нос?
5. Какие волосы у вашей мамы?
6. Какого цвета глаза у вашей мамы?
7. Какие волосы и какого цвета глаза у вашего отца?

Запомните!

> *кто? как?* ВЫГЛЯДИТ
>
> **Вы прекрасно выглядите.**
>
> **Ты отлично выглядишь.**
>
> **Она классно выглядит.**

5 **Прочитайте диалоги и ответьте на вопросы.**
Read the dialogues and answer the questions.

А

— Знаешь, \ сейчас сюда придёт одна девушка.

— Какая девушка?

— Я познакомился с ней \ вчера вечером в кафе.

— Правда?

— Честное слово!

— Ну и как она выглядит?

— Она просто красавица! Она блондинка, \ у неё длинные волнистые волосы.

— А какие у неё глаза?

— У неё большие голубые глаза. А ещё у неё маленький прямой нос.

— Ну что ж, \ наверное, она тебе понравилась.

Как выглядит эта девушка?

Б

— Знаешь, \ я познакомилась вчера с одним парнем.

— Правда?

— Честное слово!

— Ну и где ты познакомилась с ним?

— На улице.

— А как он выглядит?

— Обыкновенно, \ но у него красивые карие глаза.

— А какие у него волосы?

— Он шатен. У него короткие \ прямые \ тёмные волосы.

— Ну что ж, наверное, он тебе понравился.

Как выглядит этот парень?

 а) Прослушайте диалог.

    Listen to the dialogue.

Джон. Здравствуйте, позовите, пожалуйста, Диму.

    Дима, здравствуйте, это Джон. Ваш телефон мне дал Андрей. Он сказал, что вы хотите познакомиться с англичанином.

Дима. Да, это правда. Андрей говорил, что вы должны позвонить мне. Я очень рад, что вы позвонили. Давайте встретимся.

Джон. С удовольствием встречусь с вами. У меня здесь нет русских знакомых.

Дима. Ну, вот и хорошо. А у меня нет английских. Когда мы можем встретиться?

Джон. Мы можем встретиться завтра.

Дима. Отлично! Я согласен. Давайте встретимся завтра у метро в 3 часа.

Джон. А как я вас узнаю? Как вы выглядите?

Дима. Я высокого роста, худой. У меня волнистые чёрные волосы, карие глаза и прямой нос. Вообще, я самый обыкновенный. А как вы выглядите?

Джон. Я тоже выгляжу обыкновенно. Я среднего роста. У меня прямые светлые волосы и голубые глаза. Надеюсь, что мы узнаем друг друга.

Дима. Я тоже надеюсь. До встречи, Джон.

    б) Выберите правильное утверждение.

    Choose the correct statement.

1. Джон позвонил Диме.
   Дима позвонил Джону.

2. Дима высокого роста.
   Джон высокого роста.

3. У Димы чёрные волосы.
   У Джона чёрные волосы.

4. У Димы голубые глаза.
   У Джона голубые глаза.

в) Прослушайте диалог ещё раз и восстановите текст.

Listen to the dialogue once again and complete the text.

Однажды Диме _____ англичанин. Дима был очень _____, что Джон позвонил ему. Он предложил Джону _____ с ним. Джон сказал, что он с _____ встретится с Димой, потому что он очень хотел _____ с русским парнем. Джон спросил, когда и где они _____ встретиться. Дима сказал, что они могут встретиться _____ у _____ в _____.

Джон спросил, как они _____ друг друга и как Дима _____.

Дима сказал, что он _____ роста и _____, что у него _____ волосы и _____ глаза. После этого Дима _____ Джона, _____. Джон ответил, что он выглядит _____. У него _____ волосы и _____ глаза. Ещё он сказал, что он _____, что они узнают друг друга.

Запомните!

> **похожий** — like, alike, similar
> **Кто на кого похож?** — Who looks like who?
> **Кто с кем похожИ?** — Who resembles who?
>
> **одинаковый ≠ неодинаковый**
> **(похожий ≠ непохожий)**
> alike ≠ unlike
> **одинаковый ≠ разный**
> same, equal ≠ different

7 а) Прочитайте предложения.

Read the sentences.

1. Мы с моей сестрой очень похожи. Мы одинаковые, потому что мы близнецы.

2. Мы с моим братом совсем не похожи, мы разные. Я худой, а он полный.

3. Я похожа на маму, а мой брат похож на папу.

4. Мы с братом одинакового роста, но у нас волосы разного цвета.

5. У нас с сестрой волосы одного цвета, а глаза разные.

6. У брата с мамой глаза одного цвета — карие.

б) Расскажите о своих братьях или сёстрах. Похожие вы или разные? Что у вас одинаковое, а что разное?

Tell about your brothers or sisters. Are you alike or different? What is the same and what is different?

Запомните!

> **так же…, как и…** — as… as…
>
> **не так…, как…** — not so… as…
>
> ## ОДИНАКОВО ≠ ПО-ДРУГОМУ
>
> equally ≠ differently

8 **а) Прочитайте предложения.**

Read the sentences.

1. Моя сестра выглядит **так ЖЕ, как и я**, потому что мы похожи. Мы почти одинаковые.

2. Мой брат выглядит **так ЖЕ, как и мой отец**, потому что они очень похожи. Они почти одинаковые.

3. Эта девушка выглядит **так ЖЕ хорошо, как и моя подруга**.

4. Моя сестра выглядит **НЕ так, как я**, потому что мы не похожи. Она выглядит по-другому.

5. Эта девушка выглядит **НЕ так хорошо, как моя подруга**. Она выглядит по-другому.

б) Прочитайте вопросы и ответьте на них положительно и отрицательно.

Read the questions and give positive and negative answers.

1. — Вы выглядите так же, как ваш отец?

— Да, я выгляжу _____

— Нет, я выгляжу _____

2. — Вы выглядите так же, как ваша мама?

— _____

— _____

3. — Ваша подруга выглядит так же, как Мэрилин Монро?

— _____

— _____

4. — Ваш друг выглядит так же, как Шварценеггер?

— _____

— _____

Запомните!

такой (такая, такие) же..., как и... — as... as...

не такой (не такая, не такие)..., как... — not so... as...

ОДИНАКОВЫЙ ≠ РАЗНЫЙ

same, equal ≠ different

 а) Прочитайте предложения.
   Read the sentences.

1. У меня **такИЕ ЖЕ** длинн**ые** волосы, **как и** у моей сестры. = У нас одинаковые волосы.

2. У моего брата **такИЕ ЖЕ** тёмн**ые** глаза, **как и** у моего отца. = У них одинаковые глаза.

3. У моей подруги **такИЕ ЖЕ** глаза и волосы, **как и** у её матери. = У них одинаковые глаза и волосы.

4. У меня **НЕ такИЕ** волосы, **как** у моей сестры. = У нас разные волосы.

5. У моего брата **НЕ такИЕ** глаза, **как** у моего отца. = У них разные глаза.

6. У моей подруги **НЕ такИЕ** глаза и **НЕ такИЕ** волосы, **как** у её матери. = У них разные глаза и волосы.

б) Прочитайте вопросы и ответьте на них отрицательно.
   Read the questions and give the negative answers.

1. У него волосы такие же чёрные, как и у его брата?
   Нет, у него волосы не _____

2. У неё глаза такие же большие, как и у её матери?
   _____

3. Ваш друг такого же высокого роста, как и его отец?
   _____

4. Ваша подруга такая же полная, как её мама?
   _____

5. Его друг не такой толстый, как ваш брат?
   _____

6. Её подруга не такая худая, как ваша сестра?
   _____

10 **а) Прослушайте диалог.**
   Listen to the dialogue.

— Слушай, \ хочешь, \ я познакомлю тебя \ с братом моей подруги?

— А они похожи?

— На первый взгляд \ они похожи, \ но он, конечно, не такой, как она. Он выше её, \ но такой же стройный.

— А какие у него глаза?

— Глаза у него \ не такие тёмные, \ как у моей подруги. У него они серые.

— А какие у него волосы? Такие же чёрные, \ как и у неё?

— Да, \ у них, кажется, одинаковые волосы. Но у него волосы, \ конечно, не такие длинные, \ они намного короче.

— Ну что ж, \ наверное, \ он очень симпатичный. Познакомь меня с ним.

б) Ответьте на вопросы.
   Answer the questions.

1. Кто разговаривает: два парня, две девушки или парень с девушкой?
2. Что хочет сделать один из участников диалога?
3. Как выглядит брат подруги: какого он роста, какие у него глаза и волосы?

в) Прослушайте диалог ещё раз и восстановите текст.
   Listen to the dialogue once again and complete the text.

Герой диалога хочет _____ с братом _____
_____. Брат _____ роста, он _____ своей сестры. У них _____ глаза: у неё глаза _____, а у него — _____. У них _____ волосы. Они _____ цвета, но у него волосы _____, чем у неё.

11 **Посмотрите на фотографии и расскажите, как выглядят эти люди.**
Look at the photographs and say what these people look like.

172

12 **а) Слушайте текст и заполняйте таблицу.**
   Listen to the text and complete the table.

Кто?	Рост и фигура	Цвет и длина волос	Цвет глаз
НАТАША			
МАМА			
БОРИС			

б) Прочитайте текст и проверьте, правильно ли вы заполнили таблицу.
Read the text and check if you have completed the table correctly.

Наташа живёт с мамой. У Наташи есть парень. Его зовут Борис. Наташа среднего роста. У неё длинные светлые волосы и голубые глаза.

Её мама — высокая полная женщина. У неё короткие седые волосы и голубые глаза.

Борис нравится и Наташе, и её маме. Он высокий худой парень. У него серые глаза и тёмные волосы.

13 **а) Прочитайте текст.**
   Read the text.

В субботу к нам на обед пришёл Джон. Сначала мы обедали, а после обеда разговаривали. На этот раз моя мама интересовалась родственниками Джона. Она начала расспрашивать его о том, как выглядят его мама и папа. Джон всегда носит с собой фотографии своей семьи и друзей. Он сказал, что его родители — самые обыкновенные люди, и показал фотографии маме. Мама с радостью начала рассматривать фотографии. На одной из них она увидела, что отец Джона высокого роста, не полный и не худой, даже спортивный. У него были тёмные, уже немного седые короткие прямые волосы, серые глаза, довольно высокий лоб и тонкие губы. Мама Джона выглядела прекрасно: небольшого роста, может быть, немного полная. У неё были длинные волнистые светлые волосы, зелёные глаза и пухлые губы. На этой же фотографии рядом с родителями Джона стоял подросток. Мама спросила: «Джон, а это кто? Ваш брат?» Джон ответил, что это его младший брат Джордан. Джордан был похож одновременно и на отца, и на мать. У него, как и у отца, были тёмные волосы и серые глаза, но губы были такие же полные, как у матери. Вообще, он был очень симпатичный парень. На другой фотографии была девушка. Мама, конечно, очень заинтересовалась этой фотографией. Она с любопытством начала рассматривать фотографию девушки, которая была очень красива: не очень длинные волнистые светлые волосы, как у Мэрилин Монро, длинный нос, как у Барбары Стрейзанд, и огромные голубые глаза, которые не были похожи ни на одни глаза, которые она когда-либо видела. Маме так понравилась эта девушка, что она сказала Джону, что никогда не видела такой красавицы. Джону это было так приятно слышать, что он даже покраснел от удовольствия. Было видно, что он очень любит эту девушку.

б) Расскажите, как выглядят родители Джона и его девушка.
Say what John's parents and his girlfriend look like.

14 **Скажите:**
Say:

❑ Как выглядят ваша мать и ваш отец?
❑ На кого вы похожи: на отца или на мать?
❑ Ваши братья и сёстры похожи на вас или нет?
❑ Что у вас одинаковое, а что разное?
❑ На кого вы хотели бы быть похожим?

15 **а) Проверьте, знаете ли вы эти слова.**
Check whether you know these words.

одежда — clothes
обувь — footwear, shoes
носить *(что?)* — to wear
ходить *(в чём?)* — to wear
быть одетым *(как?)* — to be dressed
быть одетым *(во что?)* — to have on
он одет, она одета, они одеты

деловой — business
модный — fashionable
модно — fashionably
современный — modern
современно — modern

б) Прочитайте предложения с новыми словами.
Read the sentences with the new words.

1. Люди всегда ходят в одежде и в обуви.
2. На работу люди ходят в деловой одежде.
3. Моя подруга любит носить модную одежду.
4. Мой брат любит носить современную одежду и обувь.
5. Её подруги одеваются очень современно.
6. Моя мама любит одеваться модно.
7. Мой отец всегда очень хорошо одет.
8. Эта женщина одета очень красиво и модно.

174

16 Прочитайте вопросы и ответьте на них.

Read the questions and answer them.

Модель: — Вы носите красивую одежду и обувь?

— Нет, конечно, \ я не всегда ношу красивую одежду и обувь.

1. Вы носите модную одежду?
2. Вы ходите в дорогой обуви?
3. Вы любите одеваться дорого?
4. Ваши друзья одеваются модно?
5. Ваши друзья носят модную одежду?
6. Ваш отец носит деловой костюм?
7. Ваша мать ходит в деловом костюме на работу?

17 а) Проверьте, знаете ли вы эти слова.

Check whether you know these words.

надевать / надеть *(что? на что?)* — to put on
костюм — costume, suit
брюки — trousers
пиджак — jacket
рубашка — shirt

юбка — skirt
платье — dress
блузка — blouse
галстук — tie
джинсы — jeans

б) Прочитайте предложения.

Read the sentences.

1. На работу мой отец надевает деловой костюм: брюки, пиджак, рубашку и галстук.
2. На работу моя мама надевает деловой костюм: юбку, пиджак и блузку.
3. Когда моя мама идёт в театр, она надевает красивое платье и красивые туфли.
4. Когда мой отец идёт в театр, он надевает чёрный костюм, белую рубашку и чёрные туфли.
5. Дома моя мама ходит в юбке и блузке.
6. Дома мой отец носит джинсы и рубашку.

18 а) Прослушайте диалог и ответьте на вопросы.

Listen to the dialogue and answer the questions.

— Извините, \ вы работаете?

— Конечно, \ как и многие современные женщины, \ я работаю в одной коммерческой фирме.

— А какую одежду \ вы предпочитаете носить?

— Почти всё время \ я провожу на работе, \ поэтому я предпочитаю \ деловую одежду.

— А в чём вы обычно ходите на работу?

— На работе \ я ношу разные костюмы: \ серые, \ синие \ или зелёные.

— Вы ходите на работу в брюках \ или в юбке?

— Иногда \ я надеваю брюки, \ а иногда \ — юбку.

— Вы носите блузки?

— Конечно, \ я люблю надевать разные блузки: \ белые, \ голубые \ и светло-зелёные. Если я иду на работу в сером костюме, \ я надеваю белую \ или голубую блузку.

— А если вы надеваете зелёный костюм?

— Если я надеваю зелёный костюм, \ я надеваю белую, \ светло-зелёную \ или жёлтую блузку.

— Вы современная женщина. Вы любите одеваться модно?

— Конечно, люблю. Мне очень нравится современная мода.

Где работает эта женщина?
Как она любит одеваться?
В чём она ходит на работу?

б) Прослушайте диалог ещё раз и заполните пропуски.
Listen to the dialogue once again and fill in the gaps.

— Какую _____ вы предпочитаете _____?

— Почти всё время я _____ на работе, поэтому я предпочитаю _____.

— А _____ вы обычно _____ на работу?

— На работе я _____ костюмы: серые, синие или зелёные. Если я _____ на работу в сером _____, я _____ белую или голубую _____.

— Вы любите _____ модно?

— _____, _____. Мне очень нравится современная _____.

19 **а) Проверьте, знаете ли вы эти слова.**

Check whether you know these words.

футболка — T-shirt

свитер — sweater

джемпер — sweatshirt, jumper

куртка — jacket

пальто — coat

платье — dress

джинсы — jeans

спортивная одежда — sportswear

сапоги — (high) boots

кроссовки — trainers

ботинки — boots

туфли — shoes

б) Прочитайте предложения.

Read the sentences.

1. Каждый день она носит брюки, джемпер и ботинки.

2. Когда холодно, я надеваю свитер и сапоги.

3. Для зимы мне надо купить тёплые сапоги и тёплую куртку.

4. Дома я обычно хожу в джинсах и свитере.

5. Осенью и весной мы носим куртки или пальто.

6. Студенты предпочитают одеваться просто: джинсы, футболка, свитер и кроссовки.

7. В свободное время я предпочитаю ходить в спортивной одежде: в спортивном костюме и в кроссовках.

8. Когда она идёт в театр, она надевает красивое платье и туфли.

20 **а) Прочитайте и выучите новые слова.**

Read and learn the new words.

аккуратный — neat

грязный — dirty

улыбаться — to smile

шутить — to joke

б) Прочитайте текст.

Read the text.

Однажды ко мне снова пришёл Джон. У моей мамы было хорошее настроение, и она начала показывать Джону наш семейный альбом и рассказывать о своих родителях, сёстрах, братьях и друзьях. «Когда мне было 13 лет, — рассказывала мама, — у меня была подруга. У неё были зелёные глаза и рыжие волосы. Когда она шла в школу, она надевала юбку и блузку, а дома она носила джинсы и свитер. Она была очень хорошенькая. Её все любили. Вот её фотография. К сожалению, мы очень давно не виделись. А вот мои братья — Серёжа и Юра. Они младше меня. Серёжа на два года, а Юра на три. Посмотрите, какие они были полные в детстве, как они похожи друг на друга, они почти одинаковые. Но только у Серёжи волосы были длиннее, чем у Юры. Тогда было модно носить длинные волосы. Серёжа и Юра были очень неаккуратные, как все мальчики, и часто ходили в грязной одежде, потому что очень часто играли в футбол или катались на велосипедах. Тогда они любили одеваться одинаково, потому что были одного роста. Это сейчас они одеваются по-разному. А вот это наша старшая сестра Нина. Раньше она была высокая и худая, выше, чем мама. У неё голубые глаза, волнистые светлые длинные волосы, лучше, чем у меня. Она всегда была очень красивая, по-моему, красивее меня. В юности она была похожа на Клаудию Шиффер. Она всегда любила одеваться красиво и современно, сейчас она носит только дорогую одежду и обувь. Нина всегда предпочитала платья или костюмы, а джинсы и свитеры не любила. Наша мама всегда выглядела моложе, чем отец, но они были одного возраста. Моя мама была невысокого роста, немного полная и намного ниже отца. У неё были кудрявые светлые волосы, голубые глаза, прямой нос и полные губы. Дома она предпочитала носить джинсы и свитер, а на работу надевала деловой костюм. Вот, посмотрите: это я фотографировала на даче. Вот моя мама — в джинсах и в свитере. Папа всегда выглядел старше, чем мама. Он был худой и довольно высокого роста. Папа и Нина были почти одного роста. Я даже не знаю, кто был выше. У него были такие же карие глаза, как и у меня. Вот только нос у него длиннее, а губы тоньше. По-моему, мы с папой были похожи. Правда? Вот, посмотрите: это я фотографировала его, когда он собирался идти на работу, он в тёмном деловом костюме и в галстуке. А дома он всегда одевался очень просто, любил спортивную одежду, кроссовки. Я очень любила своих родителей. К сожалению, они уже умерли. И у меня остались только эти фотографии и мои воспоминания». После этого мама закрыла альбом и в этот день больше не разговаривала с нами. Она грустила.

в) Разбейте текст на абзацы и скажите, о ком говорится в каждом абзаце.
Divide the text into the paragraphs and say who is described in each paragraph.

г) Что мама рассказала о своих родителях, братьях и сёстрах?
What have mum told about her parents, brothers and sisters?

21 **а) Прослушайте текст.**
Listen to the text.

Моя мама выглядит моложе отца, но они одного возраста. Моя мама немного полная и невысокого роста. Она ниже ростом, чем мой папа. У неё светлые волосы и голубые глаза, прямой нос и полные губы. Дома она носит джинсы и свитер. На работу она надевает деловой костюм.

Мой папа выглядит старше, чем мама, потому что он седой. У него кудрявые волосы. Он худой и довольно высокого роста. Он намного выше, чем мама. У него зелёные глаза и длинный нос. На работу он ходит в деловом костюме, но он любит простую одежду и простую обувь: джинсы, куртки, свитера и кроссовки.

б) Вставьте нужные по смыслу слова и восстановите текст.

Fill in the gaps with the appropriate words and complete the text.

Моя мама _____ моложе отца, но они _____ возраста. Моя мама _____ и _____ роста. Она _____, чем мой папа. У неё _____ волосы и _____ глаза, _____ нос и _____ губы. Дома она _____ джинсы и свитер. На работу она _____ костюм.

Мой папа выглядит _____, чем мама, потому что он _____. У него _____ волосы. Он _____ и довольно _____ роста. Он намного _____, чем мама. У него _____ глаза и _____ нос. На работу он _____ в деловом _____, но он любит _____ одежду и обувь: _____.

22 Вы должны встретиться с человеком, которого раньше никогда не видели. Составьте диалог. Опишите себя и расспросите этого человека, как он выглядит.

You are going to meet a person who you haven't ever seen. Make up dialogue. Describe yourself and ask this person what he or she looks like.

23 Посмотрите на фотографии и расскажите, как выглядят и как одеты эти люди.

Look at the photographs and tell what these people look like and how these people are dressed.

24 **Как вы думаете, что значит эта русская пословица?**

What do you think this Russian proverb means?

ПО ОДЁЖКЕ ВСТРЕЧАЮТ, ПО УМУ ПРОВОЖАЮТ.

A good dress is a card of invitation, a good mind is a letter of recommendation.

25 **Ответьте на вопросы.**

Answer the questions.

❑ Какую одежду вы предпочитаете носить?

❑ Как вы любите одеваться каждый день?

❑ Как вы одеваетесь по праздникам?

❑ Что вы надеваете, когда идёте в университет?

❑ Какую одежду вы наденете, если начнёте работать в офисе?

❑ Как одеваются ваши родители дома и что они надевают, когда идут на работу?

❑ Как одеваются ваши друзья и студенты вашего университета?

❑ Существует ли студенческая мода или мода вашего университета?

❑ Нравится ли вам, как одеваются молодые люди в России?

Урок тринадцатый • Unit 13

СКАЖИ МНЕ, КТО ТВОЙ ДРУГ

Tell me who your friend is

1 **Прочитайте определения.**
Read the definitions.

Знакомый — это человек, **которого** вы немного знаете (acquaintance).
Приятель — это человек, **с которым** вы часто встречаетесь (friend, fellow).
Друг (masculine) / **подруга** (feminine) — это человек, **которого** вы хорошо знаете и любите (close / intimate friend); (друг детства, подруга по работе, школьный друг).
Близкий друг — это человек, **с которым** у вас близкие, личные отношения (intimate / close friend).
дружить *(с кем?)* — to be friends

2 **Ответьте на вопросы.**
Answer the questions.

1. Можете ли вы сказать, что у вас есть близкий друг? Когда вы познакомились?
2. Кого у вас больше: знакомых? приятелей? друзей? близких друзей?
3. Есть ли у вас знакомые, приятели или друзья в других странах или городах? Где и кто?
4. С кем вы дружите в России?
5. С кем вы только знакомы в России?

3 **а) Проверьте, знаете ли вы эти слова.**
Check whether you know these words.

характер — temper, character
весёлый — jolly / gay disposition, good spirits, cheerful
спокойный — calm, tranquil, composed
смелый — brave
замечательный — fine
легкомысленный — light-minded

человек — person, man
надёжный — reliable, dependable
честный — honest
внимательный — considerate, kind
заботливый — careful, thoughtful
энергичный — energetic, vigorous
вежливый — polite

181

б) Прочитайте предложения.

Read the sentences.

1. У моей приятельницы спокойный характер.

2. У моего лучшего друга очень весёлый характер, он всегда шутит.

3. У Джона очень смелый характер, он никогда ничего не боится.

4. У моей новой знакомой замечательный характер: она весёлая, внимательная и заботливая.

5. Мой друг — честный человек, он никогда не говорит неправду.

6. Моя подруга — очень энергичная девушка: она учится, работает и занимается спортом.

7. Её муж — внимательный и вежливый человек, потому что он никогда не забывает поздравить нас с праздником.

8. Моя мама очень заботливая: она никогда не забывает дать нам завтрак в школу.

9. Это очень легкомысленный молодой человек, потому что он никогда не думает о будущем.

4 а) Прочитайте диалоги и отметьте формы согласия / несогласия.

Read the dialogues and mark the forms of agreement / disagreement.

А

— Интересно, \ какой характер у твоего нового знакомого?

— Мне кажется, \ у него спокойный характер.

— Неужели он спокойный? Не может быть! По-моему, \ это довольно энергичный и смелый человек.

— Да, \ ты прав. Он энергичный \ и смелый человек, \ но у него спокойный характер.

Б

— Интересно, \ какой характер у твоей новой знакомой?

— Мне кажется, \ у неё замечательный характер. Она весёлая девушка.

— Неужели она весёлая? Не может быть! По-моему, \ она очень легкомысленная.

— Нет, \ ты не права. Конечно, \ иногда \ она легкомысленная, \ но у неё весёлый характер.

В

— Ты знаешь, \ мне кажется, \ что мой новый знакомый — \ очень надёжный и честный человек.

— Откуда ты зна́ешь? Ведь вы знако́мы \ только две неде́ли!

— Я чу́вствую, \ что он и надёжный, \ и че́стный челове́к.

— Ну что ж, \ мо́жет быть, ты и прав.

Г

— Ты зна́ешь, \ мне ка́жется, \ что моя́ но́вая знако́мая — \ о́чень забо́тливая \ и внима́тельная же́нщина.

— Откуда ты зна́ешь? Ведь вы знако́мы \ только не́сколько дней.

— Я чу́вствую, \ что она́ и ве́жливая, \ и внима́тельная, \ и забо́тливая же́нщина.

— Ну что ж, \ мо́жет быть, ты и права́.

б) Дополните диалоги.
Complete the dialogues.

А

— Интересно, _____ характер _____?

— У _____ характер. _____.

— _____ добрая? _____! По-моему, _____

_____.

— Нет, _____. Она и _____, и _____.

Б

— Ты _____, мне _____, что мой _____ —

_____ человек.

— _____ ты _____? Ведь вы _____

_____.

— Я _____, что он и _____, и _____ человек.

— Ну _____. Может _____.

---

5 **Прочитайте фразы. Согласитесь или возразите, используя формы согласия / несогласия из упражнения 4.**

Read the phrases. Agree or disagree using the forms of agreement / disagreement from the exercise 4.

1. Мне кажется, Том не очень весёлый человек.
2. Как вам кажется, Анна — смелая девушка?
3. По-моему, Виктор не очень честный человек.
4. Как вам кажется, наш директор — энергичный человек?
5. Я считаю, что мои друзья — надёжные люди.
6. Как вам кажется, её муж — внимательный человек?
7. Мне кажется, у этой женщины замечательный характер.
8. Как вам кажется, у его жены спокойный характер?

9. Мне кажется, что все эти люди заботливые, внимательные и добрые.

10. По-моему, она очень легкомысленная девушка.

6 Восстановите фразы.

Complete the sentences.

1. Человек, **которого** я знаю, — это мой _____.

2. Человек, **которого** я хорошо знаю, — это мой _____.

3. Человек, **которого** я люблю, — это мой _____.

4. Человек, **на которого** можно надеяться, — это _____ человек.

5. Человек, **который** всегда всё помнит, — это _____ человек.

6. Человек, **который** любит рассказывать анекдоты, — это _____ человек.

7. Человек, **который** всегда говорит «извините», — это _____ человек.

8. Человек, **который** всегда говорит правду, — это _____ человек.

9. Человек, **который** всё делает очень быстро, — это _____ человек.

10. Человек, **который** ничего не боится, — это _____ человек.

11. Человек, **который** никогда не нервничает, — это _____ человек.

12. Человек, **который** редко думает о будущем, — _____ человек.

7 Образуйте формы существительных.

Form nouns.

без суффиксов

ум**н**ый _____ (masculine)

силь**н**ый _____ (neuter)

забот**лив**ый _____ (feminine)

чест**н**ый _____ (feminine)

с суффиксом -ОСТЬ-

честный _____

смелый _____

надёжный _____

внимательный _____

весёлый _____

энергичный _____

заботливый _____

серьёзный _____

с суффиксом -ОТ-

добрый _____ (feminine)

красивый _____ (feminine)

8 **а) Проверьте, знаете ли вы эти слова.**
  Check whether you know these words.

любить *(кого? за что?)* — to love, to like
уважать *(кого? за что?)* — to respect
ценить *(кого? за что?)* — to appreciate
верить / поверить *(кому?)* — to believe
помогать / помочь *(кому?)* — to help
мочь / смочь *(что делать / сделать?)* — to be able, to can
надеяться *(на что? на кого?)* — to hope

Запомните!

УВАЖАТЬ **ЗА ЧТО?** — за доброту = за то, что он добрый **ЛЮБИТЬ**   to respect / to love for kindness

б) Прочитайте предложения.
  Read the sentences.

1. Я люблю своих родителей за их доброту и за то, что они заботливые люди.
2. Жена уважает своего мужа за энергичность и за то, что он честный и смелый человек.
3. Муж любит жену за красоту и за то, что она очень добрая и внимательная.
4. Я всегда верю своему другу, потому что он надёжный человек.
5. Я верю, что мой друг всегда будет помогать мне.
6. Я надеюсь на своих друзей, потому что верю, что они всегда помогут мне.

Запомните!

КАК ВЫ ДУМАЕТЕ? — Я НАДЕЮСЬ, ЧТО… Я УВЕРЕН(А), ЧТО…   What do you think? — I hope, that… I'm sure, that…

9 **Прочитайте вопросы и дайте полные ответы, используя конструкцию Я НАДЕЮСЬ, ЧТО…**
  Read the questions and give the full answers using the construction Я НАДЕЮСЬ, ЧТО…

Модель: — Как вы думаете, ваш новый знакомый — внимательный человек?
  — Да, я надеюсь, что он внимательный человек.

1. Как вы думаете, ваш друг — надёжный человек?
2. Как вы считаете, ваши друзья помогут вам?
3. Как вы думаете, всем людям можно верить?
4. Как вы думаете, за что ваши друзья уважают вас?
5. Как вы думаете, за что мужья могут любить своих жён?
6. Как вы думаете, у вас есть чувство юмора?

10 **Прочитайте диалоги и ответьте на вопросы по модели.**
Read the dialogues and answer the questions according to the model.

Модель: **Один** уважает своего друга за … и за то, что он … , а **другой** уважает своего друга за … и за то, что он … .

А

— Слушай, ты можешь сказать, за что ты уважаешь своего друга?

— Конечно, могу. Я ценю его за доброту и за то, что он надёжный человек. А ты за что уважаешь своего друга?

— А я ценю его за то, что он заботливый и внимательный человек.

За что они уважают своих друзей?

Б

— Слушай, ты можешь сказать, за что ты уважаешь этого человека?

— Конечно, могу. Я уважаю его за честность и за то, что он смелый человек. А ты за что уважаешь этого человека?

— А я уважаю его за надёжность и за то, что он очень умный.

За что они уважают этого человека?

11 **Ответьте на вопросы.**
Answer the questions.

1. За что дети могут любить / уважать своих родителей?
2. За что друзья могут уважать друг друга?
3. За что жена может любить / уважать своего мужа?
4. За что народ может уважать президента своей страны?

12 **а) Прочитайте текст.**
Read the text.

ЖИЗНЬ В СТИЛЕ COSMO

Нелли знала Петра с детского сада. Сейчас им обоим было уже по тридцать лет, но они всё ещё были просто друзьями. Нелли любила Петра за его ум и спокойный характер. Она надеялась, что они поженятся. Нелли уже давно ждала от Петра предложения, которого ждут многие девушки, но он молчал. Однажды в одном из кафе Нелли увидела журнал Cosmo и начала читать его. В журнале она нашла совет, который ей очень понравился: «Вы хорошо изучили друг друга? Вы знаете, какой человек ваш партнёр, вы верите ему и надеетесь, что он будет надёжным, внимательным и заботливым мужем? Самое время узнать о любимом что-то новое. Предложите ему… обменяться книжными полками. Вы увидите, сколько откроется нового в вашем партнёре. Вы думали, что он легкомысленный человек, а он, оказывается, романтик…» Нелли любила читать классическую литературу. Толстой, Достоевский, Чехов научили её видеть, понимать и чувствовать. Пётр, как казалось ей, не читал ничего, кроме скучных книг по физике. Когда Нелли предложила Петру обменяться книгами, он спокойно согласился и взял романы Толстого и Достоевского, а ей принёс кучу книг по физике. Нелли внимательно просмотрела эти книги и даже нашла в этом удовольствие. Но она поняла, что Пётр совсем не романтик и что он сам никогда не сделает ей предложение. Нелли сделала это сама! Через несколько лет Пётр получил Нобелевскую премию по физике, а в их семье появилось три замечательных малыша.

б) Ответьте на вопросы.
Answer the questions.

1. На что надеялась Нелли?
2. Какой совет она прочитала в журнале Cosmo?
3. Как вы думаете, это был хороший совет? Почему?
4. Вы хотели бы использовать этот совет, чтобы лучше узнать ваших друзей? Почему?

в) Разбейте текст на абзацы и скажите, о чём говорится в каждом абзаце.
Divide the text into paragraphs and say, what each paragraph is about.

13 **Как вы думаете, что значат эти русские пословицы?**
What do you think these Russian proverbs mean?

СКАЖИ МНЕ, КТО ТВОЙ ДРУГ, И Я СКАЖУ ТЕБЕ, КТО ТЫ.
A man is known by his friends.

ДРУЗЬЯ ПОЗНАЮТСЯ В БЕДЕ.
A friend in need is a friend indeed.

14 **Расскажите о своём друге.**
Tell about your friend.

❑ Где и когда вы познакомились с вашим другом?
❑ Как выглядит ваш друг?
❑ Какой характер у вашего друга?
❑ За что вы любите и уважаете своего друга? Почему?

Урок четырнадцатый • Unit 14

«МЫ ВСЕ УЧИЛИСЬ ПОНЕМНОГУ...»

"We all have studied bit by bit..."

1

а) Проверьте, знаете ли вы эти слова.
   Check whether you know these words.

наступать / наступить — to come
бояться — to be afraid
проспать — to oversleep

радоваться — to be happy
проснуться — to awake
глупый — stupid

б) Прочитайте рассказ В. Драгунского.
   Read the story by V. Dragunsky.

Меня зовут Дениска. Первого сентября я должен был в первый раз пойти в школу. Когда наступило первое сентября, я встал ещё ночью. Потому что я боялся проспать. Все ещё спали. Я долго лежал с открытыми глазами. Лежал, лежал, но тут проснулась мама. Я быстро встал, оделся, и мы пошли в школу.

Около школы стояло много ребят. Тысяч сто. У всех в руках были цветы. Все разговаривали и радовались, что снова будут учиться.

Я, когда не учился, совсем глупый был. Я знал очень мало слов. Например, я знал слова: мама, папа, булка, колбаса... И ещё, может быть, слов девять или десять. А в школе все слова новые: учитель, урок, упражнение, ошибка, буква, страница. Это очень интересно.

в) Ответьте на вопросы.
   Answer the questions.

1. Когда Дениска должен был в первый раз пойти в школу?
2. Почему Дениска боялся проспать?
3. Почему ребята радовались?
4. Почему Дениска говорит, что, когда он не учился, он совсем глупый был?
5. Почему Дениске очень интересно в школе?
6. Что вы узнали о российской школе из этого рассказа?

2 **Ответьте на вопросы и расскажите о своей учёбе в школе и в институте.**
Answer the questions and tell about your study at school and at the university.

1. Когда начинается учебный год в ваших школах?
2. Для ваших школьников первый день учёбы — это праздник?
3. Что бывает в вашей школе в первый день учёбы?
4. Вы дарили цветы своим учителям?
5. Сколько лет вам было, когда вы начали учиться в школе?
6. Сколько лет вам было, когда вы закончили школу?
7. Сколько лет нужно учиться в средней школе?
8. Сколько лет надо учиться в высшей школе?
9. Какие предметы вы изучали в высшей школе?

Запомните!

Кому?	**необходимо** (necessary)	для чего? для кого?
	полезно (useful, good)	что делать / что сделать?
Для кого?	**бесполезно** (useless)	что?

3 **Прочитайте предложения.**
Read the sentences.

1. Мне **каждый день** необходимо **делать** домашнее задание.
2. **Сегодня** мне необходимо **сделать** это упражнение.
3. **Всем** полезно заниматься спортом.
4. **Моему брату** бесполезно говорить об университете, он не хочет учиться.
5. **Детям** полезно и необходимо много гулять.
6. Фрукты необходимы для здоровья.
7. Иностранный язык полезно изучать всем.
8. Математика бесполезна для филолога, но необходима инженеру.

4 а) **Выберите одну профессию и скажите, какие школьные предметы необходимы, полезны или бесполезны для этой профессии. Скажите об этом по модели.**

Choose a job and say according to the model what school subjects are necessary, useful or useless for this job.

Модель: **Мне кажется**, инженеру **необходимА** математикА, потому что…
Возможно, для инженера **полезнА** историЯ, потому что…
По-моему, инженеру **бесполезнО** изучать биологиЮ, потому что…

☑ — полезно;   ☑☑ — необходимо;   ☐ — бесполезно

Предметы	Архитектор	Инженер	Врач	Журналист
Математика				
Физика				
Химия				
Биология				
История				
Иностранный язык				
Родной язык				
Литература				
География				
Информатика				
Экономика				
Психология				
Рисование				
Физкультура				

б) **Скажите, какие школьные предметы были вам необходимы, полезны или бесполезны. Объясните почему.**

Say which school subjects were necessary, useful or useless for you. Explain why.

190

5 **а) Проверьте, знаете ли вы эти слова и выражения.**
   Check whether you know these words and expressions.

выпускной вечер — schcool-leaving party
выпускные экзамены — final / passing-out exams
вступительные экзамены — entrance exams
поступать / поступить (в университет) — to enter (university)
сдавать / сдать — to pass, to take
устный экзамен — oral exam
письменный экзамен — written exam
конкурс — competition
абитуриент — university entrant

б) Прочитайте предложения.
   Read the sentences.

1. В последнем классе школьники сдают выпускные экзамены.
2. Им надо сдать выпускные экзамены.
3. Школьники сдают тест по русскому языку.
4. Чтобы поступить в университет, абитуриентам надо хорошо написать тест.
5. У нас сдают устные и письменные экзамены.
6. На филологический факультет большой конкурс: 8–10 человек на одно место.

6 **а) Прочитайте текст.**
   Read the text.

Каждый год в июне в российских школах начинаются выпускные экзамены. Школьники сдают ЕГЭ — Единый государственный экзамен. Тест по русскому языку и тест по математике должны написать все. Остальные тесты — по выбору. Каждый выбирает те предметы, которые ему необходимы, чтобы поступить в университет. Эти тесты очень трудные, и не каждый школьник может хорошо написать тест.

Когда заканчивается время экзаменов, во всех школах устраивают праздник — выпускной вечер. Это очень интересный праздник, потому что ребята прощаются со школой и начинают новую, взрослую жизнь. В Петербурге этот праздник называется «Алые паруса» (The red sailes). В этот день ночью на Неве появляется большой корабль с алыми парусами. Этот корабль — символ будущей самостоятельной жизни, а его алые паруса — символ романтики и мечты.

б) Скажите, что нового вы узнали, когда прочитали этот текст.
   Say what new you have learnt after having read this text.

7 **а) Восстановите вопросы, используя ответы.**
Reconstruct the questions basing on the answers.

— _____

— В школе я сдавал выпускные экзамены.

— _____

— Я поступил в университет два года назад.

— _____

— Чтобы поступить в университет, нужно сдавать вступительные экзамены.

— _____

— Все абитуриенты сдают тест по русскому языку.

— _____

— Да, в нашем университете есть конкурс.

— _____

— В нашем университете большой конкурс.

— _____

— Сейчас я учусь на филологическом факультете, на третьем курсе.

б) Задайте друг другу аналогичные вопросы и ответьте на них.
Ask each other similar questions and answer them.

8 **а) Прочитайте и выучите новые слова.**
Read and learn the new words.

посещать / посетить *(что?)* — to attend
посещение — attendance
пропускать / пропустить *(что?)* — to miss
выбирать / выбрать *(что?)* — to choose
пользоваться *(чем?)* — to use
стипендия — grant, scholarship
конспект — lecture, notes
обязательный — compulsory, obligatory
зачётная единица — credit point
готовиться / подготовиться *(к чему?)* — to prepare

бакалавр — bachelor's degree holder
бакалавриат — bachelor's programme
магистрант — candidate for a master's degree
магистратура — master's programme
сообщение — report, presentation
сессия — exam session
курс — year

б) Прочитайте предложения с новыми словами.
Read the sentences with the new words.

1. Я учусь на третьем курсе.

2. В нашем университете принято обязательное посещение занятий, а в их университете — свободное посещение занятий.

3. Мой друг вчера пропустил занятие по русскому языку.

192

4. В нашем университете нельзя пропускать занятия.

5. Студенты сами выбирают предметы, которые хотят изучать.

6. Студенты часто пользуются библиотекой, чтобы готовиться к экзаменам.

7. На лекции студенты пишут конспекты. Когда мы готовимся к экзаменам, мы пользуемся конспектами.

8. В нашем университете учатся бакалавры и магистры. Я поступил на бакалавриат, а мой друг — в магистратуру.

9. Он учится на третьем курсе и получает стипендию.

10. В университете у нас две сессии — зимняя и летняя.

 а) Прочитайте текст.
Read the text.

В российских университетах есть два отделения — бакалавриат и магистратура: 3 года студенты учатся на бакалавриате, а потом, если они учатся хорошо, ещё 2–3 года в магистратуре.

В российских университетах обязательное посещение занятий. Это значит, что студенты должны посещать университет каждый день. Обычно у студентов 3–4 пары (то есть 3–4 занятия по 2 академических часа) в день: лекции, семинары и практические занятия. На лекциях студенты слушают преподавателя и пишут конспекты. Для семинара они пишут рефераты, а потом на семинаре делают сообщения. Часть предметов надо изучать обязательно, часть студент может выбирать сам. За каждый предмет студенты получают зачётные единицы (кредиты).

На каждом курсе два семестра и две сессии — зимняя и летняя. В каждом семестре студенты изучают 6–10 предметов. Перед каждой сессией проводятся зачёты — мини-экзамены по всем предметам. Зачёты сдают в течение одной недели. Такая неделя называется зачётной. Если студент сдал все зачёты, он может сдавать экзамены. Зачёты и экзамены бывают устные и письменные. Результаты зачётов и экзаменов записывают в главный документ студента — зачётную книжку. Если студенты хорошо сдают экзамены, они получают небольшую стипендию. После каждой сессии — каникулы. Зимой студенты отдыхают две недели, а летом — два месяца.

Учиться в университете трудно, потому что надо обязательно посещать все лекции и занятия, ходить в библиотеку, читать очень много книг, писать рефераты и курсовые работы по специальности, готовиться к семинарам. На последнем курсе студенты пишут дипломную работу по специальности, которую они должны защищать перед государственной комиссией.

У российских студентов очень мало свободного времени, но они не унывают (don't give up), потому что, как поётся в одной студенческой песне, «от сессии до сессии живут студенты весело».

б) Ответьте на вопросы.
Answer the questions.

1. Что значит «обязательное посещение» и что — «свободное»?
2. Что значит «пара»?
3. Что значит «сессия»? «зачёт»?
4. Почему трудно учиться в российских университетах?
5. Почему в песне поётся: «От сессии до сессии живут студенты весело»?

10 Восстановите вопросы по ответам.
Reconstruct the questions basing on the answers.

— _____

— Обычно студенты учатся на бакалавриате 3 года.

— _____

— Обязательное посещение означает, что студенты должны обязательно посещать все занятия каждый день.

— _____

— Нет, студенты не могут свободно выбирать все предметы, которые они хотят изучать.

— _____

— Нет, они не могут посещать занятия на разных факультетах в любое время.

— _____

— Да, студенты получают стипендию.

— _____

— Студенты получают небольшую стипендию.

— _____

— Каникулы бывают после каждой сессии.

— _____

— Зимой студенты отдыхают две недели, а летом — два месяца.

11 а) Вставьте нужные слова.
Fill in appropriate words.

1. Мой брат _____ в университет в прошлом году.
2. Вчера я _____ занятие по грамматике, потому что был болен.
3. Когда я читаю русские тексты, я всегда _____ словарём.
4. Студентам нужно _____ занятия в университете каждый день.
5. Студенты _____ экзамены два раза в год.
6. Чтобы сдать экзамен, нужно _____ к нему.
7. В наших университетах _____ посещение.

194

8. Студенты сами _____ предметы, которые хотят изучать.

9. На каждой лекции я пишу _____.

10. Наши абитуриенты сдают _____ экзамены, чтобы учиться в университете.

11. Абитуриенты сдают _____ экзамен по иностранному языку.

12. Наши студенты сдают _____ и _____ экзамены.

13. На наш факультет большой _____: 8 человек на одно место.

14. Мой брат учится на третьем _____.

б) Задайте друг другу аналогичные вопросы.
Ask each other similar questions.

12 **Сравните систему обучения в российском университете и в вашем университете, отвечая на вопросы.**
Compare the educational system of a Russian university and of your university by answering the questions.

Модель: — Наши студенты сдают экзамены. А ваши?
— **А** наши не сдают.
— **И** наши **тоже** сдают.

1. Наши абитуриенты сдают вступительные экзамены. А ваши?
2. В нашем университете всегда большой конкурс. А в вашем?
3. Наши студенты учатся в университете 5 лет. А ваши?
4. В нашем университете принято обязательное посещение занятий. А в вашем?
5. Наши студенты всегда пишут конспекты на лекциях. А ваши?
6. На каждом семинаре наши студенты выступают с сообщениями. А ваши?
7. Наши студенты пишут рефераты и курсовые работы. А вы?
8. У нас студенты сдают сессию два раза в год. А у вас?
9. У нас студенты сдают зачёты. А у вас?
10. У нас студенты сдают устные и письменные экзамены. А у вас?
11. У наших студентов после каждой сессии каникулы. А у ваших?
12. У наших студентов очень мало свободного времени. А у ваших?

13 **Как вы думаете, что значит эта русская пословица?**
What do you think this Russian proverb means?

ВЕК ЖИВИ — ВЕК УЧИСЬ.
Live and learn.

14 **Расскажите о вашей учёбе в университете, отвечая на вопросы. Задайте друг другу аналогичные вопросы.**

Tell about your study at the university by answering the questions. Ask each other similar questions.

1. На каком факультете вы учитесь?

2. На каком курсе вы учитесь?

3. В вашем университете принято свободное или обязательное посещение занятий?

4. Как часто вы посещаете занятия в университете?

5. Сколько занятий в день вы посещаете?

6. Какие занятия есть в вашем университете?

7. Сколько раз в год вы сдаёте экзамены?

8. Когда вы сдаёте сессию?

9. Вы сдаёте письменные или устные экзамены?

10. Чем вы пользуетесь, когда готовитесь к экзаменам?

11. В вашем университете учиться трудно или легко?

12. Получают ли ваши студенты стипендию?

15 **Напишите небольшое сочинение о вашей учёбе в школе и университете. Вопросы помогут вам.**

Write a small composition about your study at school and at the university. The questions will help you.

❑ Сколько вам было лет, когда вы начали учиться в школе?

❑ Когда начинается учебный год в школе, в которой вы учились?

❑ Какие предметы вы изучали в школе?

❑ Какие предметы, по вашему мнению, были для вас полезны, бесполезны, какие были вам необходимы?

❑ Сколько лет вы учились в школе?

❑ Сдавали ли вы выпускные экзамены в школе?

❑ Сколько вам было лет, когда вы поступили в университет?

❑ Что вам нужно было сделать, чтобы поступить в университет?

❑ На каком курсе вы сейчас учитесь?

❑ Что вы изучаете?

❑ Сколько раз в год вы сдаёте экзамены?

❑ Какие экзамены вы сдаёте — устные или письменные?

❑ Когда у вас бывают каникулы и сколько времени они продолжаются?

❑ Что ещё вы могли бы сказать о своём университете?

Урок пятнадцатый • Unit 15

ЖИЗНЬ КАК ЖИЗНЬ

Life is life

---

1   **а) Проверьте, знаете ли вы эти слова.**
     Check whether you know these words.

случаться / случиться *(что? где? с кем?)* — to happen
случай — case, event, incident
происходить / произойти *(что? где? с кем?)* — to happen, to occur
происшествие — incident, accident, occurence
событие —event

Запомните!

Что случилось? (What's happened?)	***Что произошло?*** (What's happened?)
случай произошёл	**происшествиЕ случилОсь**
событиЕ произошлО	

**б) Прочитайте тексты, которые были опубликованы в газетах,
   и ответьте на вопросы.**

**Read the texts which have been published in the newspapers and answer the
questions.**

> ### С ночи до утра
>
> Как известно, есть в Америке город Санкт-Петербург, а теперь у нас в
> Санкт-Петербурге появился настоящий «кусочек» Америки.
> 30 сентября состоялись открытие и презентация первого в нашем
> городе американского ночного клуба.

1. Что произошло в Петербурге 30 сентября?
2. Почему статья называется «С ночи до утра»?
3. Как вы думаете, это случай, происшествие или событие?

Праздник в Таврическом саду

В прошлый вторник, в день, когда исполнилось 100 лет со дня рождения русского поэта Сергея Есенина, в Петербурге, в Таврическом саду, был открыт памятник поэту. На этом празднике собралось очень много людей. Здесь читали стихи Есенина и пели знаменитые романсы на его стихи.

1. Что произошло в Таврическом саду?
2. Почему автор назвал статью «Праздник в Таврическом саду»?
3. Как вы думаете, это случай, происшествие или событие?

Кот на дереве

У дома № 15 по Большеохтинскому проспекту есть высокое дерево, на котором вот уже неделю сидит кот одной из жительниц этого дома. Он залез туда после того, как его хозяйку увезли в больницу. Кота пытались снять пожарные, которые приехали по вызову жильцов, но он залезал обратно и не хотел ни есть, ни пить. Так, вероятно, он показывал свою любовь к хозяйке. Что делать с котом, никто не знает.

1. Что случилось у дома № 15?
2. Почему кот сидит на дереве?
3. Как по-вашему, это случай, происшествие или событие?

Для тех, кто хочет работать и учиться

С 6 по 8 октября в Санкт-Петербургском государственном университете проходила международная выставка языков и техники, которую используют при обучении, — «Эксполингва — Балтика». Главная цель выставки — оказать практическую помощь в создании новой системы образования и обучения иностранным языкам.

1. Что происходило в Санкт-Петербургском университете с 6 по 8 октября?
2. Для чего нужна такая выставка?
3. Как вам кажется, такая выставка — это случай, происшествие или событие?

Из жизни оборотней

Около 10 утра в пункт обмена валюты банка «БАМ-Кредит», расположенный в подземном переходе на станции метро «Маяковская», вошёл неизвестный мужчина в форме милиционера. Злоумышленник угрожал кассиру предметом, похожим на пистолет, и велел поднять руки. После этого преступник взял двенадцать тысяч рублей и тысячу пятьсот долларов США и ушёл. Арестовать преступника не смогли.

1. Что случилось в пункте обмена валюты?
2. Как вы думаете, злоумышленник — это милиционер?
3. Как вы считаете, это случай, происшествие или событие?

Трагедия на дороге

Вчера на перекрёстке проспекта Луначарского и проспекта Культуры произошла автокатастрофа. На большой скорости автомобиль «вольво» с четырьмя пассажирами выехал на перекрёсток на красный свет и столкнулся с грузовым автомобилем, который в тот момент делал поворот. В результате этого все четверо пассажиров «вольво» погибли.

1. Что произошло на перекрёстке?
2. Почему статья называется «Трагедия на дороге»?
3. Как вы думаете, это случай, происшествие или событие?

в) Перескажите один из текстов своими словами.
Retell one of the texts in your own words.

г) Расскажите о событиях, случаях или происшествиях, которые были в вашем городе.
Tell about the events, occurances or incidents which have taken place in your city.

 а) Прочитайте текст.
Read the text.

Однажды мне позвонила подруга и сказала, что она скоро придёт ко мне в гости. Когда я открыла дверь, то увидела свою весёлую и улыбающуюся подругу, а рядом с ней огромную и такую же весёлую собаку. Моя подруга и собака вошли в квартиру, и, пока подруга раздевалась, собака вошла в комнату и села на кресло.

Мы с подругой разговаривали, а собака сидела и слушала. Когда мы поговорили и выпили кофе, подруга стала собираться домой. Я спросила:

«А собаку ты возьмёшь?» Она очень удивилась и сказала: «А это не моя собака». — «А чья?» — спросила я с ужасом. Подруга не знала и ушла домой без собаки. А собака осталась жить у меня.

б) Как вы думаете, этот случай был на самом деле или нет?
Do you think this event was real or not?

в) Расскажите свою историю. Другие студенты должны отгадать, был такой случай в действительности или нет. Используйте модель начала рассказа.
Tell your story. The other students should guess whether it was real or not.
Use the model of the beginning of the story.

Модель: Я хотел(а) бы рассказать о том, как однажды (один раз)…

Запомните!

ЧТО?	КОГДА?
тысяча семьсот третий год	В тысяча семьсот третьЕМ годУ
май, 1703 год	В маЕ тысяча семьсот третьЕГО года

3 Прочитайте правильно следующие даты.
Read the following dates correctly.

1456 год, в 1456 году, в апреле 1456 года; 1798 год, в 1798 году, в августе 1798 года; 1865 год, в 1865 году, в октябре 1865 года; 1914 год, в 1914 году, в январе 1914 года; 1937 год, в 1937 году, в сентябре 1937 года; 1953 год, в 1953 году, в марте 1953 года; 1982 год, в 1982 году, в ноябре 1982 года; 1991 год, в 1991 году, в июне 1991 года; 2004 год, в 2004 году, в августе 2004 года.

4 а) Проверьте, знаете ли вы эти слова.
Check whether you know these words.

война — war
государство — state
правительство — government
независимость — independence
власть — power
смерть — death
граница *(между чем?)* — border

пережить *(что?)* — live through, survive
изменять(ся) / изменить(ся) — to change
строить / построить *(что? где?)* — to build
строительство — building
погибать / погибнуть — to die, to perish

б) Прочитайте предложения.

Read the sentences.

1. Пётр Первый построил крепость на острове.
2. Строительство Петербурга началось во время войны со Швецией.
3. В 1914 году правительство Российской империи изменило название города.
4. Правительство Российского государства находится в Москве.
5. Наша страна получила независимость.
6. Сейчас граница между Россией и Финляндией находится далеко от Москвы.
7. После смерти Ленина город стал называться Ленинград.
8. Политическая власть страны находится в столице государства.
9. Во время войны город пережил трудный период.
10. В блокаду в Ленинграде погибло множество людей.

5 **а) Образуйте прилагательные от следующих существительных.**

Form adjectives from the following nouns.

война — _____

государство — _____

правительство — _____

строительство — _____

независимость — _____

б) Составьте словосочетания (прилагательное + существительное), используя следующие существительные.

Make up the word-combinations (an adjective + a noun) using the following nouns.

Сообщение, государство, действие, граница, компания, человек, министр, контроль.

6 **Вставьте нужное слово.**

Fill in an appropriate word.

1. В больших городах обычно _____ высокие здания.
2. Наша страна стала _____ очень давно.
3. Правительство решило _____ название города.
4. Вторая мировая _____ началась в 1939 году.
5. В столице _____ находится политическая _____ страны.
6. На реке Нарова находится _____ между Россией и Эстонией.
7. В Кремле находится _____ Российской Федерации.
8. Вторая мировая война _____ с 1939 по 1945 год.

7 **Прочитайте вопросы и ответьте на них.**
Read the questions and answer them.

1. Знаете ли вы, почему город, в котором вы живёте, имеет такое название?

2. Знаете ли вы, когда построили ваш город?

3. Знаете ли вы, кто построил столицу вашего государства?

4. Знаете ли вы, изменялось ли название столицы вашей страны или города, в котором вы живёте? Когда? Почему?

5. Знаете ли вы, какие исторические события происходили в вашей стране или в вашем городе? Какие?

6. Знаете ли вы, какие трудные периоды переживало ваше государство? Когда? Почему?

7. Знаете ли вы, когда ваша страна стала независимой?

8. Знаете ли вы, с какими странами есть граница у вашего государства?

9. Знаете ли вы, зачем правительства стран Европы решили ввести единую валюту?

8 **а) Прочитайте текст.**
Read the text.

ИСТОРИЯ ИМЕНИ

В мае 1703 года, во время войны со Швецией, на Заячьем острове, который находится посередине Невы, Пётр Первый начал строить крепость для защиты от шведской армии. По традиции сначала начали строительство собора святых Петра и Павла — Петропавловского собора. По названию собора крепость тоже назвали *Петропавловская*.

В 1710 году, когда ещё продолжалась война со Швецией, начали строить новый город, который назвали Санкт-Петербург — город святого Петра. А уже в 1712 году Санкт-Петербург стал столицей Российской империи. Два века город был центром политической и культурной жизни России. Здесь жила царская семья, находились правительство России и вся политическая власть Российского государства.

Почти через 200 лет, в 1914 году, началась Первая мировая война — война с Германией. Русские патриоты считали, что название *Санкт-Петербург* нужно изменить, потому что оно не русское, а немецкое. Правительство решило изменить название столицы Российской империи, поэтому город получил новое имя, русское, — *Петроград*.

Через три года, в 1917 году, в Петрограде произошла социалистическая революция. В то время ещё продолжалась война с Германией. В 1918 году новое правительство решило переехать в Москву, потому что фронт был очень близко от Петрограда. Так Москва снова стала столицей Российского государства.

До 1924 года город назывался Петроград, но после смерти Ленина в январе 1924 года город получил новое название — *Ленинград*. Во время Второй мировой войны Ленинград пережил самый страшный период своей истории — блокаду, которая продолжалась 900 дней — с 8 сентября 1941 года до 27 января 1944 года.

За время блокады в Ленинграде погибло от голода и бомб около одного миллиона жителей и ещё почти один миллион солдат. Поэтому, после того как война закончилась, Ленинград назвали город-герой.

Во время перестройки, в 1991 году, городу вернули историческое имя — *Санкт-Петербург*, город святого Петра.

б) Ответьте на вопросы.
Answer the questions.

1. Что произошло в 1703 году?
2. Что произошло в 1712 году?
3. Что произошло в 1914 году?
4. Почему решили изменить название города?
5. Что произошло в 1917 году в Петрограде?
6. Что произошло в 1918 году?
7. Когда город получил название *Ленинград*?
8. Что пережил Ленинград во время Второй мировой войны?
9. Сколько времени продолжалась блокада Ленинграда?
10. Сколько человек погибло во время блокады?
11. Почему Ленинград получил звание города-героя?
12. Что произошло в 1991 году?
13. Как вы думаете, зачем в 1991 году городу вернули историческое название?
14. Как вы думаете, правильно ли сделали, что вернули городу старое название?
15. Почему текст называется «История имени»?

в) Скажите, что нового вы узнали из этого текста.
Say what new have you learnt having read this text.

Модель: Из этого текста я узнал(а), что (когда, где, почему)...

⑨ Что вас интересует в истории России и Петербурга? Сформулируйте вопросы и задайте их преподавателю по модели.
What are you interests in the history of Russia and St. Petersburg? Make up questions and ask your teacher using the following model.

Модель: Меня интересует, (что, когда, почему...)...
Мне интересно узнать, (что, когда, почему...)...

10 Что вы могли бы рассказать об истории вашей страны, её столицы, вашего родного города?

What could you tell about the history of your native country, its capital, your native city?

11 а) Проверьте, знаете ли вы эти слова и словосочетания.

Check whether you know these words and word-combinations.

зарабатывать / заработать *(что? где? на что?)* — to earn

платить / заплатить *(за что? за кого? по чему?)* — to pay

снимать / снять *(что? где? у кого?)* — to rent

зависеть *(от кого? от чего?)* — to depend

зарплата — wage, salary

получать / получить *(что? на что? за что? от кого?)* — to receive, to get

тратить / истратить *(что? на что?)* — to spend

налог — tax

счёт (в банке) — account

собственный — own

независимый = самостоятельный — independent

б) Прочитайте предложения.

Read the sentences.

1. Я студент, поэтому я зарабатываю немного.

2. В прошлом году я заработал достаточно денег, чтобы поехать в Африку.

3. Я надеюсь, что я буду получать хорошую зарплату, когда я начну работать.

4. Когда я работал, мне платили хорошую зарплату.

5. В нашей стране мы платим довольно высокие (большие) налоги.

6. Вчера я заплатил за квартиру за месяц.

7. У меня есть счёт в банке.

8. Мы тратим деньги на еду и на одежду.

9. Вчера я истратила довольно много денег на книги.

10. Моя подруга получает деньги на жизнь от родителей.

11. В нашем городе очень трудно снять квартиру.

12. Здесь я снимаю комнату у одной старушки.

13. У моих родителей собственный дом, а у меня собственная квартира.

14. Студенты могут взять кредит в банке.

15. Я не хочу зависеть от родителей, поэтому я работаю.

16. Я самостоятельный человек, но зависимый, потому что родители дают мне деньги.

17. Все молодые люди хотят стать независимыми и самостоятельными.

12 Замените глаголы в форме будущего времени НСВ формой глагола будущего времени СВ по модели.

Replace the verbs in the future imperfect tense by the verbs in the future perfect tense.

Модель: буду зарабатывать — *заработаю*

буду платить — _____

будем тратить — _____

буду брать — _____

будет получать — _____

будут снимать — _____

будет зарабатывать — _____

13 Вставьте нужное слово.

Fill in an appropriate word.

1. Мой друг скоро _____ много денег.

2. Я _____ за квартиру раз в месяц.

3. В этом месяце она _____ всю свою зарплату на косметику.

4. Через неделю я _____ от отца деньги на жизнь.

5. Он _____ квартиру, когда начал учиться в Петербурге.

6. В следующем году я буду _____ другую квартиру.

7. Мы _____ много налогов.

8. В России все студенты _____ стипендию, если хорошо учатся.

9. Мой друг работает в крупной компании и _____ хорошую зарплату.

10. Я надеюсь, что, когда я закончу университет, я буду хорошо _____.

11. Мой друг начал работать очень рано, потому что не хотел _____ от родителей.

12. В кафе я всегда _____ сама за себя.

14 Вставьте нужный предлог.

Fill in an appropriate preposition.

1. Обычно я плачу _____ квартиру раз в месяц.

2. Его жена тратит все деньги _____ одежду.

3. Вчера я купил несколько книг и заплатил _____ них много денег.

4. Мой брат не хочет зависеть _____ родителей.

5. Он самостоятельно зарабатывает деньги _____ учёбу.

6. Родители дают мне деньги _____ карманные расходы (minor expenses).

7. Мы с подругой сняли квартиру _____ хозяйки.

8. Я работаю и получаю деньги _____ свою работу.

9. Я снимаю квартиру вместе _____ одной симпатичной девушкой.

15 Составьте предложения со следующими глаголами.
Make up sentences with the following verbs.

зарабатывать / заработать (на что?)

_____

платить / заплатить (кому? за что? за кого? почему?)

_____

тратить / истратить (что? на что?)

_____

снимать / снять (что? где? у кого?)

_____

зависеть (от чего? от кого?)

_____

получать / получить (что? на что? за что? от кого?)

_____

брать / взять (что? где? у кого?)

_____

16 Прочитайте предложения и задайте вопросы ЗАЧЕМ или ПОЧЕМУ. Ответьте на них.
Read the sentences and ask the questions ЗАЧЕМ and ПОЧЕМУ. Answer them.

1. Она снимает квартиру.
2. Я не хочу зависеть от родителей.
3. Мне нужна большая зарплата.
4. Я не получила деньги за работу.
5. Мне надо взять кредит в банке.
6. Ему нужно было заработать много денег.
7. Он совсем ничего не зарабатывает.
8. Все люди зависят от закона (law).
9. Мы платим большие налоги.
10. Я ещё не заплатила за квартиру за январь.

Запомните!

ДЛЯ КОГО? **КОМУ?**	**ВАЖНО** (important) **ОЧЕНЬ ВАЖНО** (very important) **СОВСЕМ НЕ ВАЖНО** (absolutely not important)	+ infinitive

17 **Скажите, что для вас важно, а что не важно, используя следующие слова и модель.**

Say what is and what is not important for you using the following words and the model.

Зарабатывать, получать, иметь, покупать, зависеть…

Машина, искусство (art), интересная работа, счёт в банке, учёба, дружба, здоровье, независимость, большая зарплата, власть (power), родители, свободное время, деньги, хорошая одежда, покой (calm), книги, любовь…

Модель: Для меня **важно** (очень важно) **иметь** машину, чтобы ездить на работу.

Для меня **совсем не важно иметь** машину, потому что моя работа находится близко от дома.

18 **Вставьте нужное слово и восстановите текст.**

Fill in an approprite word and complete the text.

Эрик и Сара учатся в университете. Саре не надо платить _____, а Эрику надо. Конечно, он работает и получает _____, чтобы _____ за учёбу. Его родители мало помогают _____, потому что у них нет _____ в банке.

Для Сары очень важно быть _____, поэтому она _____ квартиру, а не живёт с родителями. Ещё Сара очень любит _____ деньги на одежду, поэтому в свободное время она должна _____ деньги на карманные _____. Во время летних каникул Эрик и Сара работают, чтобы _____ и _____ квартиру, и _____ учёбу, и _____ одежду, и _____ книги.

Сара учится хорошо, поэтому она _____ стипендию. Ещё она иногда _____ деньги _____ родителей. Эрик _____ найти хорошую работу, чтобы _____ большую _____. Он хочет _____ на жизнь самостоятельно, чтобы быть _____ от родителей.

19 **Ответьте на вопросы.**

Answer the questions.

1. Вы самостоятельный и независимый человек?
2. У вас есть собственный дом? Квартира?
3. Вы живёте с родителями или самостоятельно?
4. Помогают ли вам родители?
5. На что родители дают вам деньги?
6. У вас есть счёт в банке?
7. Вы платите за учёбу в университете?
8. Вы брали кредит в банке на учёбу?

9. Сколько процентов вы должны платить каждый месяц, если взяли кредит в банке?

10. На что вы тратите деньги?

11. Вы получаете стипендию?

12. Что надо сделать, чтобы получить стипендию в вашем университете?

20 Скажите, что бы вы делали, если бы…
Say what would you do if…

Модель: Если бы я…, я бы…

— Вы приехали учиться не в Петербург, а на Северный полюс?

— У вас не было счёта в банке?

— Родители не помогали вам?

— Вы не могли найти работу у себя на родине?

— Вы получали большую стипендию каждый месяц?

— Вы были абсолютно независимым человеком?

— У вас не было дома?

— Вы получили в наследство (to inherit) 1 000 000 000 долларов?

21 а) Прочитайте текст.
Read the text.

Джон очень интересовался друзьями Андрея. Он хотел как можно больше узнать о жизни русских людей. И вот однажды Андрей рассказал Джону о своих друзьях. У Андрея есть два друга — Саша и Лёша. Сейчас они учатся в университете. Но Саша учится бесплатно, а Лёша учится на платном факультете. Саше не надо платить за учёбу, а Лёше надо. Конечно, он не сам платит, потому что он не работает и не зарабатывает деньги, чтобы самостоятельно платить. За учёбу платят его родители. Это довольно дорого для них, потому что у них нет счёта в банке. Недавно они взяли кредит в банке, чтобы заплатить за учёбу сына. Для Лёши очень важно учиться хорошо, чтобы перейти на бесплатный факультет. Саша приехал из другого города, поэтому он живёт в общежитии. Лёша живёт вместе с родителями, но он мечтает жить самостоятельно. Для Саши и для Лёши важно быть независимыми. Друзья хотели бы вместе снимать квартиру, но квартиры дорогие, поэтому во время летних каникул Саша и Лёша будут работать, чтобы заработать деньги на квартиру. Саша учится хорошо и получает небольшую стипендию. Ещё Саша получает деньги от родителей. Но он надеется найти работу, чтобы зарабатывать на жизнь самостоятельно. Для Андрея Саша и Лёша — близкие и надёжные друзья. Они верят, что их жизнь станет другой, когда они начнут работать и сами будут зарабатывать деньги. У них будет возможность жить так, как они хотят. Джон с интересом выслушал рассказ Андрея, а потом сказал, что, если бы у него были такие друзья, как у Андрея, он был бы очень счастлив. Потому что он считает, что Лёша и Саша — хорошие, а главное, сильные люди.

б) Разбейте текст на абзацы и скажите, о чём говорится в каждом абзаце.

Divide the text into paragraphs and say what each paragraph is about.

в) Скажите, что узнал Джон о Саше и Лёше.

Say what John has learnt about Sasha and Lyosha.

22 а) Прочитайте объявления о приёме на работу. Выберите для себя место работы и объясните, почему вы его выбрали.

Read the job advertisements. Choose job for yourself and explain why you have chosen it.

Наш клиент – крупнейший международный банк — объявляет набор на позицию

КОНСУЛЬТАНТ (DSA специалист)

Требования:
- женщины и мужчины от 20 до 50 лет
- энергичность, презентабельность, коммуникабельность
- график работы – с 15:00 до 20:00

З/п – 300$ + бонус + соц. пакет

KELLY SERVICES — ведущая международная компания по подбору персонала, основанная в США в 1946 г.
Все услуги для кандидатов бесплатны!

Если Вас заинтересовала данная вакансия, звоните по тел. **325-15-07**, контактное лицо – Екатерина Виноградова.
Адрес: **Невский пр., 32, 4 этаж.**

КРУПНОЙ ФИНАНСОВОЙ КОМПАНИИ

ТРЕБУЕТСЯ

персонал на постоянную высокооплачиваемую работу

Запись на собеседование: 441-29-21
                                         441-29-26

СРОЧНО

ПРИГЛАШАЕМ НА РАБОТУ

ПЕРЕВОДЧИКА с китайского языка!!!

Опыт устного/письменного перевода, хорошая практика.
Командировки в Китай.
Возможно руководство проектом.
З/п 15 т.р./мес. в случае полной занятости, возможно совместительство.

Офис в районе м. «Чкаловская».

Тел.: 235-66-53, факс: 325-28-79, e-mail: per@yandex.ru

Лондонская Финансовая Группа

МЕНЕДЖЕР

ПО РАБОТЕ С КЛИЕНТАМИ

м/ж от 21 года, хорошие коммуникативные навыки, активность, желание зарабатывать

Тел.: **324-96-48** (Александр Валентинович)
E-mail: men@mail.ru

б) Скажите, что / как вы будете:

Say what / how you will:

— говорить, когда будете звонить по телефону в фирму;
— говорить о себе на собеседовании;
— спрашивать работодателя об условиях работы.

23 а) **О чём обычно спрашивают во время собеседования (интервью)? Составьте вопросы.**
What questions does an interviewer usually ask during a job interview?

б) **Составьте диалог между соискателем и работодателем.**
Make up dialogue between an competitioner and an employer.

24 **Скажите:**
Say:

- ❏ На кого или на что вы надеетесь в настоящем и в будущем?
- ❏ Какую работу вы хотели бы получить?
- ❏ Какую зарплату вы планируете получать в будущем?
- ❏ Какая зарплата в вашей стране считается достаточной для нормальной жизни?
- ❏ Какие налоги вы платите или будете платить?
- ❏ Для чего люди платят налоги и справедливы ли эти налоги?
- ❏ Что ещё вы хотели бы рассказать о своей жизни?
- ❏ Какие у вас планы на будущее?

Заполните анкету и расскажите о себе.
Fill in the form and tell about yourself.

Фамилия, имя _____

Адрес _____

Возраст и дата рождения _____

Какая у вас семья _____

Место работы / учёбы _____
_____

Какие иностранные языки вы знаете _____
_____

Ваши увлечения _____
_____

Ваши любимые / нелюбимые блюда _____
_____

Как вы выглядите _____
_____

Какую одежду вы предпочитаете носить _____
_____

Тип мужчины, который вам нравится / не нравится _____
_____
_____

Тип женщины, который вам нравится / не нравится _____
_____
_____

За что вы любите и уважаете людей _____
_____

На кого и на что вы надеетесь в жизни _____
_____

О чём вы мечтаете _____
_____
_____
_____

НАШИ КНИГИ ПРОДАЮТСЯ:

www.zlat.spb.ru

Р О С С И Я

МОСКВА

«Дом книги на Ладожской»: Ладожская ул., д. 8, м. «Бауманская»
   Понедельник — суббота: с 09:00 до 21:00, воскресенье: с 10:00 до 12:00
   Тел. +7 (495) 221-77-33 (справка), +7 (495) 221-80-11
   При заказе через интернет-сайт скидки до 12 %; www.dom-knigi.ru

«Русское зарубежье»: Нижняя Радищевская ул., д. 2, м. «Таганская»
   Понедельник — суббота: с 09:00 до 21:00, воскресенье: с 10:00 до 19:00
   Тел.: +7 (495) 915-11-45, +7 (495) 915-27-97; e-mail: sales@rp-net.ru; http://www.kmrz.ru/

Компания «Аргумент». Книжные точки в вузах Москвы
   МГУ им. М.В. Ломоносова, МГИМО, МИРЭА, РУДН, РГУ нефти и газа, АТиСО, Дипломатическая
   академия. Тел.: +7 (495) 939-21-76, +7 (495) 939-44-20, +7 (495) 939-22-06; www.arg.ru

«Молодая гвардия»: ул. Большая Полянка, д. 28, м. «Полянка»
   Понедельник — суббота: с 09:00 до 21:00, воскресенье: с 10:00 до 20:00
   Тел.: +7 (499) 238-50-01, +7 (495) 780-33-70; http://bookmg.ru

«Торговый Дом книги "Москва"»: Тверская ул., д. 8, стр. 1., м. «Тверская», «Пушкинская»
   Понедельник — воскресенье: с 10:00 до 01:00. Тел.: +7 (495) 229-64-83, +7 (495) 797-87-17
   Справки: spravka@moscowbooks.ru; www.moscowbooks.ru

«Дом педагогической книги»: ул. Большая Дмитровка, д. 7/5, стр. 1, м. «Охотный ряд»
   Понедельник — пятница: с 09:00 до 21:00, суббота: с 10:00 до 21:00, воскресенье: с 10:00 до 20:00.
   Тел.: +7 (495) 229-50-04, +7 (495) 229-43-92; http://mdk-arbat.ru

«Московский Дом книги на Новом Арбате»: ул. Новый Арбат, д. 8, м. «Арбатская»
   Понедельник — пятница: с 09:00 до 23:00, суббота — воскресенье: с 10:00 до 23:00
   Тел.: +7 (495) 789-35-91; www.mdk-arbat.ru

«Торговый дом "Библио-Глобус"»: Мясницкая ул., д. 6/3, стр. 5., м. «Лубянка»
   Понедельник — пятница: с 09:00 до 22:00, суббота: с 10:00 до 21:00, воскресенье: с 10:00 до 20:00.
   Тел. для справок: +7 (495) 781-19-00, +7 (495) 928-35-67
   Заказ через Интернет: +7 (495) 781-19-12, web.logist@bgshhop.ru; www.biblio-globus.ru

САНКТ-ПЕТЕРБУРГ

«Санкт-Петербургский Дом книги» (Дом Зингера): Невский пр., д. 28. М. «Невский проспект»
   Каждый день: 9:00–24:00 без перерыва на обед
   Справочная служба: +7 (812) 448-23-55

«Университетский книжный салон»: Университетская наб., д. 11, Филологический факультет СПбГУ.
   М. «Василеостровская»
   Понедельник — пятница: 10:00–19:30, суббота: 10:00–18:00, воскресенье — выходной
   Тел.: +7 (812) 328-95-11

ИНТЕРНЕТ-МАГАЗИНЫ:

«BOOKS.RU — книги России»: http://www.books.ru
«БОЛЕРО»: http://www.bolero.ru, тел.: +7 (495) 74-256-74